LES
PARISIENS BIZARRES

PAR

ERNEST D'HERVILLY

TROISIÈME ÉDITION

PARIS
CALMANN LÉVY, ÉDITEUR
ANCIENNE MAISON MICHEL LÉVY FRÈRES
3, RUE AUBER, 3

1885

Droits de reproduction et de traduction réservés.

LES
PARISIENS BIZARRES

CALMANN LÉVY, ÉDITEUR

DU MÊME AUTEUR

Format grand in 18.

L'HOMME JAUNE . . . . 1 vol.

Tours. — Imp. E. Mazereau.

LES
PARISIENS BIZARRES

PAR

ERNEST D'HERVILLY

PARIS
CALMANN LÉVY, ÉDITEUR
ANCIENNE MAISON MICHEL LÉVY FRÈRES
3, RUE AUBER, 3
—
1885

Droits de reproduction et de traduction réservés.

LES PARISIENS BIZARRES

MÉTIERS BAROQUES

Tout le monde connaît les professions, d'ailleurs si sujettes à de fâcheux chômages, de *Fabricant de verres noircis pour éclipse* et de *Repriseuse de ballons*, et Privat-d'Anglemont a révélé l'*Employé aux yeux de bouillon*, le *Vernisseur de pattes de dindon*, le *Découpeur de crêtes de coq dans des palais de veau*, etc. etc.

Nos zigzags quotidiens d'observateur dans la vie parisienne nous ont mis en relations — peu suivies, du reste — avec des personnages de même farine, exerçant des métiers qui, nous nous hâtons de le dire, s'ils sont baroques, n'ont rien de chimérique.

Nous en décrirons quelques-uns.

PASTEUR DE HOMARDS

Le pauvre M...; ex-employé du chemin de fer de l'Est, qui excellait, entre deux sonnets, à tailler de jolis petits navires dans les crayons en cèdre fournis par la Compagnie, ce qui lui nuisit dans l'esprit de ses chefs, au point qu'on le pria, un beau jour, d'aller transformer en flotte les crayons d'une autre administration, a été et est mort *pasteur de homards*.

Le peintre Sahib et le docteur Filleau sont là pour attester le fait et légaliser mon affirmation au besoin.

Touché de la détresse dans laquelle se trouvait le pauvre M..., un spéculateur, M. C..., qui possède à Concarneau de grands parcs de crustacés, lui proposa d'en être le berger.

Des habitants du pays sont généralement chargés de cette besogne, qui consiste à ouvrir, à de certaines heures, aux troupeaux de homards et de langoustes condensés dans des *boutiques* de bois, les portes de parcs marins, parfaitement clos, où végètent des goémons savoureux que le flot baigne à la marée, et que paissent les homards.

A de certaines heures, le berger des homards les ramène à coups de gaule du pâturage salé à leur asile, et il a du mal, je vous l'assure.

Le pauvre M... accepta cette retraite avec joie, en philosophe, et il fut *pasteur de homards* pendant trois ans. Il est mort là-bas, la gaule en main, comme un Protée les ouailles de la mer.

L'EFFRAYEUR DE CERFS

Avant et pendant la moisson, les cerfs, les chevreuils et les daims des forêts de l'État, alléchés par la senteur des céréales sur pied ou des légumes en pleine pousse, n'ont qu'un but, dès que la nuit tombe, c'est de sortir des bornages par les ouvertures des routes nationales, départementales et vicinales, et de se payer, dans les champs voisins, un plantureux *viandis*.

Les communes riveraines payent alors de pauvres diables pour *effrayer les cerfs* pendant la nuit.

J'ai connu, à Marlotte, un chansonnier sans ouvrage qui s'était fait *effrayeur de cerfs* tout un été.

Voici ce qu'il avait à faire.

A la nuit close, il allumait un bûcher et il l'entretenait jusqu'au jour à l'aide de bois *ad hoc* fourni par la commune.

Toutes les heures, il quittait son feu près duquel il rêvait, comme Napoléon à la veille d'Austerlitz, et il s'en allait pousser de grands cris en faisant de grands gestes, au milieu de la route, ce qui, paraît-il, consterne les fauves.

Pour distraction, il avait la visite, avec le coup de rhum à la gourde et la partie de piquet, des peintres des environs en promenade nocturne.

LES « SOUVENIRS » DU HAVRE

J'ai fait connaissance, en herborisant à Meudon, d'un artiste modeste et habile, un peintre, peintre de marines, s'il vous plaît, *bien qu'il n'ait jamais vu la mer,* lequel vient chercher dans les carrières de l'endroit, d'où l'on extrait la craie dite *blanc d'Espagne,* les rognons de silex et les galets roulés qui sont fréquents dans le terrain crétacé.

Sur ces galets, il peint, à Paris, avec chic et avec beaucoup de goût, un coin de mer piqué de voiles blanches à l'horizon, et ces galets, envoyés dans toutes les stations de bains, sont vendus, chaque été, comme *souvenirs* du Havre, de Trouville, de Brest, de Cherbourg ou de Dunkerque, au choix. L'inscription est mise sur lieux.

LE CHERCHEUR DE LOUPES

C'est chez Philippe Burty, l'homme qui en sait beaucoup plus sur le Japon d'avant 1868 que tous les Japonais qu'on coudoie dans son salon chaque jeudi, admirant sa splendide collection, que j'ai rencontré le *chercheur de loupes*, un ancien élève de l'École forestière, solide, trapu, énergique, brûlé par tous les soleils.

Passionné pour la chasse et l'aventure, M. X... a pris pour profession — (et elle lui rapporte de quoi satisfaire largement ses goûts) — la recherche, pour le compte d'ébénistes français, dans les forêts d'Europe et d'Amérique, des arbres à loupes, vous savez, ces excroissances ligneuses qui, débitées et polies, fournissent d'admirables matériaux pour l'ameublement de luxe.

Armé comme un trappeur, il vit dans les bois des mois entiers, loin de tout commerce humain, rôdant, comme en Australie les *chercheurs de pâturages*, à la découverte de ses loupes, repérant ses trouvailles sur des cartes tracées par lui-même, et à l'aide des indications desquelles il envoie une équipe de squatters lui abattre les arbres désignés.

LE FOU GUÉRI

Une profession plus excentrique, c'est celle de *fou guéri* qu'avait embrassée un jeune bohême, moitié par amitié pour un directeur de maison de santé, moitié par besoin.

Il n'a jamais été fou de sa vie, bien entendu.

Son « travail » se bornait à venir au parloir de la maison à l'heure des visites, en compagnie du directeur. La vivacité de son langage et les *tropes* hardis dont il usait en parlant aux visiteurs surprenaient ceux-ci, mais ils étaient bien autrement frappés par la logique et la justesse de ses discours. On l'écoutait, et, quand il était parti, le docteur disait négligemment aux assistants :

— C'est un de mes fous guéris. On me l'avait confié en me le donnant comme incurable. Après trois mois de traitement, j'ai pu le rendre à la société, et dans un bon état, vous le voyez. Il vient me voir et me remercier de temps à autre.

Le fou guéri faisait une réclame énorme à la maison.

ÉVADEUR DE MARINS

Les marins étrangers du commerce, embauchés pour une campagne, c'est-à-dire pour l'aller et le retour, n'ont en général qu'un but à la fin de la première partie de leur voyage, c'est de ne pas opérer ce retour et de s'engager sur un autre bord, afin de toucher une nouvelle solde.

Compléter leur équipage est donc la préoccupation des capitaines sur leur retour, et y arriver n'est pas chose facile.

A Marseille, entre autres ports de mer, il est des courtiers très marrons qui, moyennant une prime, se chargent de faire déserter des marins à leur arrivée et de les amener où on en manque.

Métier plus qu'équivoque et plein de périls.

Les hasards de la vie font que je connais — de loin — un de ces *évadeurs de marins*.

A l'aide d'un canot, qui est son seul instrument de travail, il va par les nuits sans lune, en silence, aider à l'évasion des marins décidés à quitter leur bord pour passer sur un autre, et qu'en prévision de cette fuite on garde à vue pendant les dernières nuits qui précèdent l'appareillage.

Souvent il cueille son homme, mais souvent aussi il manque d'être tué par les capitaines, survenus à point, et furieux.

Et, dernièrement, l'individu que les hasards de la vie m'ont fait connaître, a reçu nombre de coups de revolver d'un capitaine américain qui faisait le quart pour surveiller ses hommes.

Aucune des blessures n'était mortelle, mais le blessé s'est bien gardé de porter plainte.

FABRICANT D'ESTORTUAIRES

C'est une profession qui, après avoir été florissante, n'a plus qu'un avenir limité.

Avant un siècle, l'éditeur de l'*Almanach de Gotha* sera sans doute réduit lui-même à un état aussi précaire que celui où est tombé le fabricant d'estortuaires, et pour les mêmes causes.

1.

L'*estortuaire* est cette baguette d'ivoire ou de bois précieux, insigne et emblème du Grand-Veneur, qu'on brisait, en France, sur le balcon des maisons royales, en présence du peuple, à la mort d'un souverain.

En même temps, on criait trois fois : « Le roi est mort ! » Et, quand il y avait un successeur tout prêt, on ajoutait : « Vive le roi ! »

Il y a encore, à Paris, un marchand d'objets d'ivoire, — gratte-dos et gratte-langues, — qui (pour l'exportation) fabrique de temps à autre un *estortuaire*.

— Mais cette branche de mon commerce est dans le marasme, dit-il, car les rois s'en vont.

La démocratie ambiante a de ces effets meurtriers !

On ne saurait contenter tout le monde — et les princes.

LE MARCHAND D'ILES

Le *marchand d'îles*, en gros et en détail, était depuis longtemps inscrit, parmi les professions insolites et baroques, sur mon blocknotes, quand l'affaire du soi-disant marquis de Bray, inventeur de Port-Breton, est venue devant les tribunaux, et on sait avec quel succès. Ce procès, s'il m'enlève le plaisir d'une révélation, servira du moins à prouver, à ceux de mes sceptiques lecteurs qui m'accusent, avec un sourire aimable, d'inventer des métiers bizarres, que je ne les découvre nullement dans mon imagination, et qu'ils existent réellement, bien qu'ils paraissent impossibles à exercer au premier abord.

Le marchand d'îles fera donc accepter

LE BRAS

C'est dans les villes de jeux que le *Bras* fleurit.

Quand ceux des habitants du Val d'Andorre qui tiennent encore aux mœurs pures du fameux *Chevrier* seront vaincus — ce que je ne souhaite pas — par les Andorrains qui veulent introduire la roulette et le trente-et-quarante dans leur vallée, le Bras fera son apparition aux yeux attristés des viguiers français et espagnols.

Et, comme disait Louis XIV, « il n'y aura plus de Pyrénées » — sans *Bras*.

Le Bras est un décavé, de mœurs faciles, qui se promène dans les allées de Monte-Carlo. On sait que les dames galantes, qui sont joueuses comme les cartes elles-mêmes, ne peuvent pas se présenter seules dans les salons de jeu. Il leur faut un cavalier.

Le Bras est leur providence. Moyennant un prix débattu — et soldé — d'avance, le Bras les accompagne glorieusement et assiste à leurs gains, ou, surtout, à leurs pertes.

Car, à Monte-Carlo comme ailleurs, les femmes portent souvent — la culotte. Mais ce n'est pas la culotte en drap de la fiction.

Peut-être seraient-elles moins souvent victimes du traître sort, si, avant d'aller mettre sur la rouge ou la noire, elles avaient consulté, à Paris,

L'ARUSPICE

Tous les vendredis, et quand le vendredi

se trouve être un 13, spécialement, l'*Aruspice,* tantôt une femme, tantôt un homme (je crois qu'ils sont mariés), se tient place du Marché-Saint-Honoré, soit dans un petit café, soit à côté de la fontaine, à la disposition des riches bonnes et des domestiques superstitieux de ce quartier.

Non seulement l'*Aruspice fait le marc de café,* bat le grand jeu, tire les cartes, en marmotant des paroles que voici, et que je livre aux méditations de l'Académie des inscriptions et belles-lettres :

INIMICLINE, IMICLINE, IMICLAS, TIRE LA BOU-
   BOUNE, LA BOUBOUNE ÉFILAS, SANCTAS,
   SPECTAS !

Paroles que les enfants ont apprises — comment ? — et répètent dans les pensions, en tirant au sort, mais encore l'*Aruspice,* comme si l'on était encore en pleine Rome, sous Néron, consulte les puissances occultes au moyen des palpitations des entrailles et en tire des présages. Seulement, comme les gens qui les consultent n'ont pas le moyen de sacrifier des victimes de prix, bœuf ou mouton, ce sont des rats qu'éventre l'Aruspice, pour la somme de deux francs. Si le foie est pâle, malheur ! l'*homme de campagne* qui vient, la *lettre qui arrive*, resteront en route. Mais si le cœur est violet, c'est bon signe, et la *mauvaise* femme (la dame de pique), qui représente toujours la *rivale* pour la bonne, ne prévaudra pas contre la bonne aimée et son amoureux sera fidèle.

Et la consultante aura tous les bonheurs que je souhaite au

BÉLISAIRE DE L'ILE SAINT-LOUIS

Ce Bélisaire, ancien boucher, ancien soldat, devenu aveugle, exerce un petit métier qui le fait vivre *queussi-queummi*. Il ne l'exerce que dans son île.

Promenez-vous dans la rue et sur les quais de l'île, le matin, et vous l'entendrez chanter la mélopée suivante, qui est de sa composition, paroles et musique :

> Prenez tous mes numéros — Oh !
> Les petits comme les gros — Oh !
> Et vous gagnerez tantôt — Oh !
> Poulet, salade ou gâteau — Oh !

En chantant ces vers, le brave homme

offre à tout passant, au hasard, et à tout boutiquier, avec discernement, car il sait son île sur le bout du doigt, les numéros que contient un sac qu'il porte à la main.

Et pour cinq sous, prix du numéro, on a chance de gagner tantôt — Oh! — poulet, salade ou gâteau — Oh!

Le tirage s'opère chez un marchand de vin (en présence de témoins), tous les jours, et le gain est ponctuellement porté au gagnant par le *Bélisaire de l'île Saint-Louis*.

Moins habile, mais aussi industrieux que cet insulaire qui fait distribuer par le hasard poules, salade et gâteau — oh! — est le

NÈGRE A TOUT FAIRE

du quartier Latin. Bien connu sur toute la longueur du Boul'Mich' (vulgairement boulevard Saint-Michel), ce nègre, qui a peut-être eu un royaume dans un pays de couleur foncée, mais je ne l'affirme pas, se met à la disposition des étudiants, et fait tout ce qui concerne l'état — qu'il n'a pas — et tout ce qui concerne celui qu'il a adopté, c'est-à-dire d'être nègre à tout faire. Il cire les souliers, promène et surveille les *étudiantes* dont le *petit homme* est en vacances, vend les livres sur le quai le jour de *dèche*, court au Mont-de-Piété, affronte pour autrui les colères d'hôteliers aux fins de mois, arrange les affaires, sert de modèle, cloue six cents clous pour vingt-cinq centimes sur la surface des boules des joueurs de cochonnet, porte les lettres aux dames, et, comme il vous le dit à l'oreille, en l'effleurant de ses grosses lèvres — *il est secret (sic).*

— *Je suis secret, Monsou !*

Si la vie a quelques roses pour le bon *Nègre à tout faire,* car les étudiantes ont des fantaisies !... — mais passons — en revanche, la vie est uniformément sans gaieté pour

LE PROFESSEUR DE MORT HONORABLE

Ce professeur (c'est très sérieux) est un vieux Japonais rabougri, très pauvre, qui est venu à Paris au moment de l'Exposition de 1878. Il n'a pas fait fortune, hélas ! et comme, à Paris, il n'a pas le *saki* national pour y noyer ses peines, il a adopté l'absinthe pour y précipiter ses chagrins jusqu'à ce que mort s'ensuive.

Paris ne l'a pas enrichi, mais, au Japon, il était déjà ruiné. C'est une victime de la révolution de 1868 (le 89 des Japonais). Il vivait à la cour d'un grand seigneur, d'un daïmio illustre (devenu simple préfet depuis, avec peu d'appointements), et il enseignait à faire le thé ; il élevait des faucons ; enfin, il était professeur de *mort honorable* et montrait aux enfants des Samouraïs à pratiquer, selon tous les rites, le Hara-Kiri, l'ouverture horizontale de l'epliploon.

Comme on ne s'ouvre plus le ventre au Japon, ou du moins comme on ne se l'ouvre plus aussi fréquemment qu'autrefois. Nésoumi, le professeur de mort honorable, a quitté sa patrie et est venu à Paris.

Il y vit de je ne sais quoi, de traductions de *marques de fabrique* de « *gardes de sabre* » pour mon ami Philippe Burty, qui en possède une remarquable collection ; d'interprétations de textes pour mon ami Félix Régamey ; mais il a bien peu d'élèves à son cours de — *mort honorable !*

En effet, à Paris, on s'empoisonne, on se pend, on se noie, on se brûle la cervelle, on se guillotine même, on se jette du haut des tours de Notre-Dame, mais on ne se suicide pas en s'ouvrant le ventre.

Cependant, Nésoumi ne perd pas courage, et il prétend qu'il implantera la *Hara-Kiri* dans nos mœurs.

En attendant, il se nourrit d'espoir et de riz cuit qu'il porte — au chaud — sur sa poitrine, entre sa chemise de soie et — sa peau.

Il serait bientôt riche s'il adoptait la profession nouvelle mais florissante de

PESEUR D'ENFANTS

La mode étant venue, dans les jeunes ménages, sur le conseil des médecins spécialistes, de surveiller les résultats de l'allaitement au moyen de pesées quotidiennes, hebdomadaires ou mensuelles, des enfants élevés au sein ou au biberon, et cette mode ayant pris au point que les *balanciers* fabriquent maintenant des balances *ad hoc*, avec *panier en osier doré* pour peser les enfants, un homme s'est trouvé, ingénieux, très actif, qui s'est dit ceci :

— Autrefois, personne ne remontait ses pendules : les uns trouvaient ce soin fastidieux, les autres oubliaient l'époque du remontage. Alors des horlogers, payés à l'année, allaient, tous les quinze jours ou toutes les semaines, remonter à domicile les horloges d'autrui. Je serai l'horloger des enfants ou plutôt leur peseur.

Beaucoup de parents n'ont pas de balances, d'autres n'ont pas de poids. On ne sait dans quoi mettre l'enfant pour opérer. Les plus malins l'enveloppent dans une serviette et le suspendent à un peson à ressort. En somme, rien de régulier.

« Je comblerai la lacune ! » s'est écrié un déclassé, qui m'a été signalé par le docteur Filleau. J'aurai une balance élégante, riche même, avec laquelle je ferai une tournée quotidienne dans les maisons à nouveau-nés, et, de même qu'il existe une brave femme qui a inventé d'aller porter à domicile l'appareil à donner des bains à vapeur aux malades qui ne peuvent bouger, de même il y aura un peseur d'enfants à domicile.

Et cela fut entrepris, et, de mère en mère, peu à peu, la commodité du *peseur d'enfants* a été signalée, et Paris possède à présent un industriel de ce genre. Il a même fait imprimer des *Bulletins* sur lesquels il consigne avec soin le résultat de chaque expérience. Ces bulletins, remis au médecin de la maison, lui font voir, à chaque visite, si l'enfant croît normalement de 20 à 25 grammes pendant les cinq premiers mois, et de 10 à 15 pendant le septième et le huitième, ou si l'enfant subit des arrêts ou des irrégularités.

Ce métier, aussi utile que bizarre, et qui n'en est encore qu'à son aurore, vaut certes mieux et est cent fois plus honnête, en outre, que la profession de

DESCENDANT DE STATUE

Le *descendant de statue* est un monsieur, d'une mise plus que douteuse, qui s'introduit, dès l'aube, chez les hommes de lettres, les acteurs, les artistes, etc., et qui, déroulant une liasse de papiers illisibles, vous explique, pendant que vous faites votre barbe ou que vous avalez une tasse de café, qu'il descend du fameux Un Tel, célébrité locale à laquelle on élève une statue dans un département lointain et quelconque.

— L'inauguration est prochaine, ajoute-t-il ; vous avez lu cela dans les journaux ? — Mon vif désir est d'y assister, de me faire connaître aux autorités comme *descendant de la statue ;* mais je suis pauvre, je n'ai pas de vêtements convenables, je viens faire appel à votre obligeance bien connue. — Vous trouverez peut-être dans mon histoire la matière d'une chronique ou d'un enseignement philosophique.

Alléché par l'idée, ou par la curiosité, ou tout bonnement intéressé, voire ému, on offre un léger viatique au *descendant de la statue*, et le tour est joué.

Il n'y a pas de sots métiers. C'est entendu. Il y en de bizarres, et nous l'avons montré. Il y en a aussi d'excentriques, et nous allons en décrire quelques-uns. Après quoi, nous clorons la série, pour le moment du moins.

LE COMMENCEUR DE GUERRES

est un ancien huissier qui, bien que formidablement armé par la Loi, n'a pas su se défendre — contre la tentation d'arriver à la fortune, très rapidement, en faisant ce qu'on pourrait appeler... des fautes d'orthographe... sur le chemin de l'honnêteté. Mis à la porte de sa chambre professionnelle, dont les membres ne cessaient de le rappeler au *tarif* — et à la vertu, il a dû chercher à gagner son pain à la sueur de son front. Il a exercé trente-six métiers interlopes, et, de chute en chute, il est arrivé à se faire commenceur de guerres, à la solde de qui le paie, dans des pays de frontières que je n'ai pas à préciser.

Très au courant de la politique étrangère, aussitôt qu'il devine chez un gouvernement l'envie de tomber sur un petit peuple indépendant, ou de faire une petite *répression* à son bénéfice, ou de préparer une annexion future et fructueuse, il va offrir ses services aux agents de ce gouvernement qui ne sait comment entamer l'affaire qui le tient au cœur.

C'est notre ancien huissier qui, dans les ports de mer, dans les auberges des frontières, dans les établissements des colonies, se prend de querelle avec les matelots, les soldats, les colons, suscite des rixes, amène la première effusion de sang, fait naître enfin ces procès internationaux où les consuls mettent leurs nez avec empressement, qu'ils apaisent ou qu'ils enveniment selon des ordres supérieurs, et qui sont la première lueur d'un incendie général.

Le commenceur de guerres reçoit bien çà et là des coups de couteau, des coups de bouteille et nombre de désagréables *atouts*, il est vrai, mais il reçoit aussi pas mal d'argent, et ceci cicatrise cela.

Et puis, quoi ! cela vaut mieux que d'établir des routes en Calédonie, aux frais du gouvernement, avec un costume fourni par celui-ci.

LE CHERCHEUR DE PATURAGES

n'est pas un ancien huissier ; c'est parfois un convict libéré, c'est le plus souvent un simple aventurier sans ressources, qui préfère la vie des bois à la vie d'artisan dans les villes ; mais il se livre à sa très utile industrie dans des pays lointains, comme le commenceur de guerres.

C'est surtout en Australie que travaille de son état le *Chercheur de pâturages*.

Dans un pays où l'élevage des bêtes à laine ou à cuir est un moyen de faire très vite une fortune considérable, ce qui manque le plus, ce n'est pas le fonds, ce sont les pâturages propres à la nourriture des moutons ou des bœufs.

Il faut en chercher sans cesse de nouveaux et d'abondants.

Le chercheur de pâturages que je connais

est un des plus habiles de l'Australie australe. Sa réputation est si bien établie que les éleveurs des fermes de l'intérieur ne font aucune difficulté pour l'équiper à leurs frais en vue de voyages d'exploration qui durent quatre ou cinq mois.

L'argent, en espèces ou en marchandises, qu'ils lui avancent au début de ses courses, et celui qu'ils lui versent, au retour, leur rapporte, par les pâturages découverts, plus de 250 0/0 et même plus.

Avant de s'expatrier, le chercheur de pâturages avait été professeur de cocottes d'avenir ; il leur enseignait le français et les devoirs d'une maîtresse de maison, l'orthographe et l'art de découper les volailles.

Il avait été

PEINTRE AU PATRON

c'est-à-dire qu'il inventa de faire découper, par un artiste intelligent, dans des planchettes minces, les silhouettes des personnages des pièces ou des romans en vogue de Dumas père, par exemple, les *Mousquetaires* entre autres, populaires dans toute l'Europe, et il allait, d'auberge en auberge, demandant à décorer les murailles nues. A l'aide d'une brosse garnie de noir à la colle, il traçait sur les crépis et autres enduits les silhouettes de ces bonshommes, groupant à sa guise les patrons découpés, selon la fantaisie ou l'inspiration du moment; puis avec quatre uniques couleurs (jaune, bleu, rouge et blanc), il remplissait d'un ton *ad hoc* les espaces compris entre les linéaments noirs. Cette peinture, barbare de couleur, mais très savante de dessin, ressemblait à d'étranges vitraux où le *ton* est cerné de plomb.

Depuis, la peinture au patron a été bien dépassée, comme habileté et comme rendu, par les produits du

PAYSAGISTE AU BLANC GRAS

artiste très demandé sur la place, dans une ville comme Paris, et à une époque où les marchands de vins et les restaurateurs veulent s'installer et *ouvrir*, avant même que leur établissement soit terminé.

Le paysagiste au blanc gras est l'homme qui voile les immenses glaces des devantures des boutiques modernes d'un paysage (souvent suisse), exécuté à l'aide d'une couche de blanc d'Espagne délayé dans l'huile, et sur laquelle on gratte, avec le manche d'un pinceau, des sapins, des chalets, des ponts, des lacs, des bonshommes et des animaux.

Ces vastes camaïeux blancs sont parfois d'un aspect neigeux fort agréable. Il est des paysagistes au blanc gras qui font des chefs-d'œuvre en ce genre.

A côté de ce peintre excentrique, il faut tout de suite ranger, puisque nous sommes dans la section des beaux-arts, le remarquable

PHIDIAS DE L'AXONGE

qui, avec le saindoux comme matière première, édifie des monuments et modèle des scènes à plusieurs personnages, chez les charcutiers qui veulent séduire l'œil public.

On croit généralement que c'est le charcutier lui-même qui érige ces tours de

Nesles, en graisse, qu'on admire, crénelées de pistaches, entre des hures de faux sanglier, couronnées de papier rose, et des faux jambons de Reims ficelés comme des captifs : il n'en est rien.

Il existe un Phidias de l'axonge, autrefois sculpteur sur bois, qui travaille le vendredi et le samedi pour ces messieurs de la cochonaille. C'est à lui qu'on doit l'extase où sont plongées les ménagères, le dimanche, quand elles aperçoivent chez leur charcutier favori un groupe du genre de celui-ci qui a été célèbre, avenue de Clichy.

Ce groupe était ainsi conçu.

Sous un berceau en treillage de lard, couvert de pampres en pistache verte, deux amoureux, en saindoux, sablaient le champagne. La dame arborait une robe à volants de papier bleu et était coiffée de cheveux en *truffe*. Le monsieur, qui, sur son paletot de saindoux chapeluré, offrait une collection de boutons en *lentilles*, avait des favoris d'Espagnol, énormes, en truffe également, qui tranchaient étrangement sur la pâleur de son visage de statue.

A côté de ces personnages se tenait un garçon de cabaret, toujours en saindoux, mais avec un pantalon *maigre de jambon rose* (un réserviste en vacances), qui débouchait une précieuse fiole à casque d'argent.

Aux pieds du trio, deux colombes (délicat emblème), en saindoux toujours, se témoignaient leur affection *columbatim*.

Ce groupe attendrissant fit les délices des arrondissements 17e et 18e pendant le mois de février de cette année. Au premier rayon de soleil, le monsieur et la dame, obéissant, en leur qualité d'amoureux en axonge, aux lois inexorables de la nature, tombèrent dans les bras l'un de l'autre, et tout fut consommé ! — et fondu.

Si je ne craignais d'être traité d'imposteur comme Mahomet, je signalerais à la curiosité publique

LE PROFESSEUR D'APPRIVOISEMENT

qui est une dame veuve, triste, habituée du Luxembourg, et bien connue des moineaux et des étudiants. Cette bonne femme donne des leçons d'apprivoisement à des rentiers jaloux d'exciter à leur tour l'admiration générale des promeneurs en faisant venir les pigeons ramiers sur leurs épaules ou sur leur poing, tandis qu'un vol de moineaux palpite incessamment autour de leur tête.

Car il est des rentiers qui veulent acquérir rapidement, facilement, cette gloire d'être le point de mire d'une foule, en se montrant d'étonnants charmeurs d'oiseaux.

C'est à ces gens-là que la bonne femme donne des leçons, qu'on lui paie quelques sous.

Elle leur apprend de prétendus *secrets*, et leur montre comment il faut s'y prendre pour se faire reconnaître à tout jamais des petits mendiants ailés de l'azur.

LA COUVEUSE DE VERS A SOIE

que j'ai rencontrée aux environs de Villefranche, est aussi un type assez original.

Cette couveuse, bonne femme absolument

obsolète, comme aurait dit Théophile Gautier, se tenait accroupie au soleil, et, comme je m'apprêtais à lui offrir quelques sous, elle me remercia et tira de son sein une série de petites cartes couvertes de points noirs.

— Qu'est-ce que c'est que cela ? bon Dieu !

— Ce sont des *graines* de vers à soie, Monsieur ; je les couve.

Cette bonne femme faisait éclore des œufs de vers à soie à la chaleur de son vieil estomac.

Elle m'assura que beaucoup de ses amies exerçaient la même profession pour le compte de diverses magnaneries, et que le *magnan* venait bien mieux, couvé par la chaleur humaine, que par toute autre méthode d'incubation.

Eh bien ! mais, voilà un métier tout trouvé, facile à exercer, même en voyage, pour les infortunés poètes lyriques que le naturalisme ambiant va forcer de vivre de l'air du temps, si cela continue !

Cependant il est un autre métier, beaucoup plus fructueux, avec un certain petit côté poétique et champêtre, que je vais leur indiquer.

Il demande un très sérieux apprentissage du coup d'œil, et une légèreté de main excessive.

Peu de Parisiens l'ont entrepris.

Pourtant, c'est d'un Parisien, lequel y est passé maître, que j'en ai appris l'existence.

Ce métier, c'est celui de

CISELEUR DE GRAPPES

Et c'est dans les clos célèbres où mûrit le fameux chasselas de Thomery-Fontainebleau qu'il s'y livre tous les étés.

Le salaire est élevé, car c'est un métier tout particulier, entraînant une grande responsabilité, et demandant des ouvriers spéciaux tout à fait expérimentés.

En effet, les *ciseleurs de grappes* (le mot n'est pas de mon invention, il est le terme propre du pays même) sculptent véritablement ces grappes, magnifiques de forme à leur maturité, qui sont l'admiration de l'Europe sur la table des gens riches, l'hiver.

Sans leurs mains obscures, on mangerait, sur les tables en question, des raisins exquis, c'est possible, mais sans attrait pour l'œil, et surtout portant des grains de grosseurs ordinaires.

Et dame, au lieu de vendre très cher, de novembre à avril, des raisins qui semblent cueillis de la veille et qui, au mois d'avril, se payent sur place de 15 à 20 fr. le kilogramme, on les livrerait à un prix beaucoup plus modeste.

Or le ciseleur sur grappes, armé de petits ciseaux, vient en juin dans les espaliers, quand le grain est formé, et, impitoyable mais habile, coupe tous les grains qui, en grossissant, pourraient en toucher d'autres, ou qui donneraient à la grappe une vilaine tournure.

— Les premières années, me disait le *Ciseleur* que je connais, ça fend le cœur de toucher à ces grappes déjà si belles, et pourtant il le faut. J'en coupe, des graines, à peu près autant que j'en conserve. A la fin de la journée, dans les espaliers, il y a un épais lit de grains verts sous mes pieds. On a envie de plourer, et puis, on se demande si on n'a pas donné un coup de trop. Ah ! on souffre !

— Mais l'été vient, la grappe est décorative, énorme et gracieuse, et les grains dégagés sont tous superbes. Le patron est content, et ça roule !

PROFESSEUR DE CYMBALE
ET DE LANGUES

Un de mes amis, qui est aujourd'hui étonnamment notaire, — ça peut arriver à tout le monde et je ne lui en veux pas, — menait autrefois, quand il n'était que septième clerc de maître Gluâtre, une vie accidentée où, ma foi, il prenait tout ce qui lui tombait sous la dent ou sous le cœur, quand il avait faim et quand il était amoureux.

Cet ami — je n'ose le désigner que par son prénom de Paul — se rencontra, un jour, dans le passage du Saumon, devant la boutique d'un marchand d'instruments de musique, avec une jeune femme, blonde comme une photographie passée, qui, comme lui, regardait les monstres de cuivre et d'airain dont la carapace étincelait dans la vitrine.

Et ils lièrent connaissance à propos d'une paire de cymbales de luxe, des cymbales de salon, sans doute, affichée au prix de 175 fr.

— Cent soixante-quinze francs ! ! ! gémissait Paul, et pour ça ! ! ce n'est pas le cas de dire, avec Shakespeare : *Beaucoup de bruit pour rien !!!*

— C'est cher, en effet, dit alors la jeune femme; mais, Monsieur, peut-on regarder à un léger sacrifice d'argent, quand il s'agit des intérêts supérieurs du premier de nos arts, la musique !

— De l'art ! dans ces éclatants fromages de Brie en métal !

— Oui, Monsieur, et la preuve, c'est que je viens les acheter sans retard pour une virtuose dont je suis le professeur.

— Vous êtes professeur de...

— De cymbale, oui.

— Eh bien ! Mademoiselle, reprit mon ami Paul, après avoir consacré quelques secondes à réparer le désordre de ses pensées, si vous vouliez me faire l'honneur d'accepter, sans façon, entre artistes, — je suis apprenti notaire, mais ça ne fait rien, — le déjeuner le plus modeste que la terre ait jamais cuit, je serais curieux, au dessert, de savoir comment une jolie femme enseigne la cymbale.

Cette offre ingénue fut acceptée, et la blonde créature, munie des deux disques bruyants, vint partager le pain et le sel de mon ami Paul, dans un entresol voisin.

La blonde créature révéla à son ami qu'elle *montrait* les cymbales à une princesse italienne, laquelle était sourde, et qui commençait à en taper à ravir. La pauvre grande dame, privée du bonheur d'entendre les valses célèbres (voir aux annonces), *Peau de lapin, Cul d'artichaut, Suisse adorée, Braise de campagne*, et autres *Pachas crevés*, qui font les délices de la meilleure société, se payait le plaisir d'un solo de cymbales dans ses appartements. Chaque coup de cet horrible instrument lui procurait dans la région de l'épigastre une sensation des plus exquises. C'était la seule joie de sa vie! Elle *entendait* du ventre. Elle offrait donc des concerts à son abdomen.

Mon ami Paul trouva ça tout naturel, à la longue.

— Et puis, ajouta Fionie, — la narratrice s'appelait Fionie, étant Danoise, — et puis, c'est infiniment mieux payé le cachet que mon autre métier de professeur de langues. Car, ami, je vous l'avoue, voilà cinq ans que j'ai collé en vain, derrière les vitrines de mon petit rez-de-chaussée, à Passy, des écriteaux sur lesquels on lit :

Enseignement professionnel

SEVRAGE — VOLONTARIAT

PIANO

LANGUES ÉTRANGÈRES

— Bah !

— C'est comme j'ai l'honneur de vous le dire. En vain j'annonce depuis cinq ans que je suis prête à élever, du sevrage au volontariat, les enfants qu'on voudrait bien me confier, il ne me vient aucun enfant. Par exemple, il me vient des compatriotes, mais le métier est échinant.

— Quel métier ?

— Je leur apprends du français pratique, par phrases, comme à des perroquets.

— Expliquez-vous, Fionie.

— Voici : mes compatriotes arrivant à Paris, savent le français, en général, mais ils ne le prononcent pas ; or, je leur enseigne à le prononcer, voilà tout, mais c'est échinant... et puis, dame, ce ne sont pas toujours des phrases très convenables qu'ils me demandent de leur apprendre à prononcer tout de suite, ce sont généralement des phrases qu'ils destinent à être distribuées aux Folies-Bergères, dans le promenoir.

— Hum ! Hum ! — Si Hamlet savait ça ! quels potins à Elseneur !

— Ils me disent, en danois, ce qu'ils veulent prononcer, et, à haute voix, pendant des heures, je leur serine la phrase ; ils la répètent après moi, mal, je la leur répète, ils la répètent encore, et ainsi de suite, pendant des demi-journées. Vous comprenez que, le soir, je suis morte de fatigue. On ne crie pas à haute et intelligible voix, syllabe par syllabe, cent ou cent cinquante fois, des phrases telles que celle-ci : « *Ma-de-moi-sel-le, à quel-le heu-re peut-on al-ler chez vous le matin?* » sans avoir la poitrine brisée. Aussi, depuis que j'ai découvert ma princesse, je suis aux anges. Dame, j'ai les oreilles qui me cornent un peu le soir, car ma princesse tape fort : il y a des jours où son épigastre est dur de fibre, mais, c'est égal, j'aime mieux ça que les interminables répétitions de : *Aimez-moi, mon enfant, j'ai le sac,* dont mes compatriotes font usage.

Elle dit, et se tut.

Ces aveux inspirèrent à mon ami Paul une passion sans bornes pour mademoiselle Fionie ; il le lui déclara séance tenante...

Je n'ai rien de plus à ajouter, mon ami Paul est aujourd'hui incommensurablement notaire. En dire davantage serait de l'indiscrétion.

Seulement je puis glisser ceci, que chaque fois que mon ami Paul entend une musique militaire, il essuie une grosse larme au moment où les cymbales exhalent cette harmonie que les piles d'assiettes fracassées dans les offices s'efforcent d'égaler, mais en vain.

LE VIEILLISSEUR DE FORTUNES

Telle est la profession du père Cuirasso.

Il n'en fait pas mention sur ses cartes. Mais il l'exerce et il en vit parfaitement.

Ancien collaborateur de l'ancienne *Revue des Deux-Mondes*, sous un nom que je n'ai pas mission de révéler, il mourait de faim, comme érudit, sous le règne de Buloz, premier du nom. Un jour que, sans un sou dans ce qu'il avait encore de poches à ce qui lui restait encore de pantalon, il revenait tout triste chez lui, porteur d'un article intitulé le *Prêt sur momies, en Égypte*, article auquel les corrections des tyrans de la *Revue* n'avaient laissé de l'original que les virgules, il rencontre son cousin, homme qui n'était pas un érudit, qui était purement et simplement Auvergnat, et qui faisait, au Temple, un agréable commerce de vieux cuirs. Le cousin, qu'on pourrait traiter de providentiel, si entre la Providence et les cousins d'Auvergne les relations était plus étroites, proposa au collaborateur de feu M. de Mars de travailler avec lui « *Dans la cuirasse* », comme commis-rédacteur de ses factures.

Le littérateur dans la débine accepta avec enthousiasme.

Les vieux souliers et lui furent bientôt des paires d'amis.

Son travail leur refit une virginité !

Virginité éphémère, c'est possible, mais qui, séduisant le client, la rendait des plus fécondes.

Donc, une fortune, modeste mais réelle, naquit de l'union morganatique du littérateur et de la *cuirasse*.

Quand son cousin rendit son âme de brocanteur à qui de droit, l'ex-érudit était déjà heureux, influent, bien vu dans son quartier. On l'y connaissait sous le nom du *père Cuirasse*.

Aussitôt qu'il eut vendu, à la Rotonde, les derniers souliers de défunt son cousin, — car on ne fait pas de reliques dans le commerce, — le père Cuirasse, libre dans ses allures, annexa à son trafic de « vieilles premières » (il ne s'agit point d'anciennes *jeunes premières*, mais de minces semelles intérieures) un autre négoce dont il caressait le projet depuis longtemps et qu'il brûlait d'inaugurer sur une grande échelle.

En relations fréquentes avec les tapissiers en vogue qui viennent acheter à bon marché au Temple des étoffes qu'ils revendent à des prix fous à leurs clients, après les avoir rajeunies et drapées à la mode du jour, l'ex-érudit leur demanda, en leur promettant des remises honnêtes, de lui signaler ceux de leurs clients, les enrichis subitement, par exemple, qui voudraient dissimuler leur battant neuf.

Le négoce rêvé par l'ancien et futur membre de l'Académie des inscriptions et belles-lettres était celui de *vieillisseur de fortunes.*

Les tapissiers et, plus tard, les architectes des villas en papier mâché lui procurèrent nombre de clients.

D'abord le père Cuirasse opéra lui-même, comme nous le verrons plus loin ; mais, son commerce prenant de l'extension, il forma un atelier d'aides *vieillisseurs de fortunes* qui lui rendit et lui rend les plus grands services.

Voici sa manière de procéder. Par exemple, supposons un ancien traîne-savates quelconque, enrichi par la trouvaille d'une pépite ou par *l'élève* des moutons en Australie, qui vient de s'établir à Paris, pour y être heureux et considéré.

Le traîne-savates est signalé au père Cuirasse, qui court à l'hôtel où le richissime étranger est descendu, et il lui fait comprendre que, s'il étale une opulence criarde et un brillant de casserole neuve, il excitera un rire général ; au lieu d'être pris pour un sompteux étranger d'élite, il sera vite reconnu pour un gardien de porcheries ou pour un champignon de Bourse poussé en une nuit.

— Laissez-moi vous vieillir votre fortune, dit-il.

Si le million à deux pieds accepte, le père Cuirasse se met à l'œuvre immédiatement, à forfait. Il loue pour son client un vaste et majestueux appartement ou un antique petit hôtel, soit dans le noble faubourg, soit dans le Marais, soit dans l'île Saint-Louis. L'île Saint-Louis est réservée aux clients qui ont l'intention de descendre d'une vieille famille de robe.

Le logis trouvé, on le restaure, on le nettoie, mais sans y effacer la marque des « pas du temps ».

Les petits carreaux verdâtres sont conservés avec soin aux croisées.

Puis on meuble. Le père Cuirasse reçoit un mobilier splendide et lourd (Louis XIV), ou coquet et fragile (Louis XV), du tapissier de Monsieur, et il le livre à son atelier. Le *craqueleur* de vernis fait son ouvrage, assisté d'un *râpeur* d'étoffes. Sorti des mains habiles des collaborateurs du père Cuirasse, le mobilier, bien que très solide, tout neuf et menuisé d'avant-hier, a pris un air vénérable et discret, du plus harmonieux effet.

On croirait voir, sur les fauteuils, la fine usure des culottes distinguées — qui ne les ont pas frottés jadis.

Pas une tache pourtant. Une exquise propreté de gentilhomme auquel les ans n'ont fait perdre que la fraîcheur.

Tout est neuf et cependant tout semble dater du bon temps des rois légitimes.

Après le *râpeur d'étoffes,* c'est le *bosseleur d'argenterie* qui travaille. Il décore les pièces fondues de la veille des « marques d'un usage ancien » : rayures, coups de maladroits domestiques, traces de la Révolution !

Le *faiseur d'ancêtres*, autre employé du père Cuirasse, ne chôme pas non plus. D'après une photographie de Monsieur et de Madame, le faiseur d'ancêtres, un peintre de talent, produit une série de portraits qui se ressemblent tous, puisqu'ils ressemblent aux originaux, mais qu'il habille de costumes représentant à peu près les notes principales de la gamme des siècles.

L'air de famille sera des plus prononcés et il frappera certainement les visiteurs. De là des questions polies et des réponses modestes, mais triomphantes. De là une description, récitée de mémoire (le père Cuirasse fournit les généalogies et les anecdotes historiques) des portraits de la galerie, terminée, en souriant, par un : — « J'en passe et des meilleurs, » — qui prouve que l'on connaît ses auteurs.

Le reste de la maison est à l'avenant. Le père Cuirasse veille même sur la cuisine. Il vieillit jusqu'aux bassinoires, les fleurdelise, les armorie comme les voitures, du reste, au goût du propriétaire.

La collection de peintures est formée de tous les indéchiffrables paysages hollandais qui traînent dans les ventes et de tous les grands bonshommes tout nus, d'un rouge de brique, que l'on intitule : Écoles d'Italie.

Enfin, c'est de la maison Cuirasse que viennent les domestiques qui « ont connu Monsieur, quand il était tout petit », et qui se rappellent (sur un signe), quand il y a du monde au salon, que Monsieur, âgé de six ans, mit sous son oreiller, un soir, un médaillon contenant des cheveux de l'infortunée laitière de Trianon.

Parfois — tout métier a de ces revers — les domestiques qui ont le soin de la maison — « de père en fils ! » — sont trop bien stylés.

Un marchand de laines de Sydney (transformé en fidèle descendant d'une famille émigrée dans la vieille Angleterre), dont le père Cuirasse avait vieilli la fortune, fut pourvu par lui d'un certain majordome à cheveux blancs, qui accentuait un peu trop la note.

Dans un grand dîner, ce majordome prit la parole (on lui tolérait ces familiarités à cause de son grand âge et des services qu'il avait rendus pendant l'émigration), et il assura, en essuyant une larme, avoir accompagné le chevalier, l'oncle de Monsieur, dont il était le valet de chambre, sur la place de la Révolution.

— L'oncle de Monsieur était dans la « fatale charrette », dit-il, et moi je portais sur le bras le manteau du pauvre chevalier.

Les yeux mouillés des convives s'étant à ce moment tournés vers le majordome d'un air interrogateur, Monsieur dit avec sympathie :

— Et pourquoi portiez-vous le manteau du chevalier, mon pauvre Château-Chignon ?

Le vieux majordome, dont les malheurs de la monarchie avaient sans doute troublé la tête (ou qui ne se souvenait plus des leçons du père Cuirasse), répondit :

— C'était pour que son Excellence n'eût pas froid... en sortant...

Malgré cela, le *vieillisseur de fortunes* a mis environ trente mille livres de beurre dans ses épinards.

TUÉ PAR UN FROMAGE

M. Bloquette était (car maintenant, hélas ! il joue au cerceau avec les anges, là-haut) un très petit employé, mais un grammairien de la force de cent vingt chevaux, à ce qu'il assurait, du moins.

Il avait fait porter à sa femme (avant que celle-ci lui eût fait porter tout autre chose, en collaboration avec un riche négociant de la rue aux Ours qui fabriquait des cuirs et en vendait), il avait fait porter à sa femme un médaillon contenant le portrait de feu Vaugelas.

Vaugelas a dû parfois diablement souffrir rue aux Ours, chez le débitant de cuirs !

M. Bloquette était affligé, dans son intérieur, par les fautes d'orthographe commises par madame Bloquette sur le chemin de la vertu, et, à l'extérieur, par les viols de syntaxe perpétrés, comme en se jouant, par les rédacteurs des enseignes et des avis publics.

Pour le rigide grammairien, le chemin de son bureau était un véritable chemin du Calvaire.

(Et innombrables étaient les stations où il tombait, exaspéré, devant les « *On demande » des ouvrières en chemises*, — et les *on » pique au cinquième; ici on fait le vieux et » le neuf* » qui émaillent, sur de petits carrés de papier, le cylindre innocent des tuyaux de conduite des eaux ménagères.

Aux approches des demi-termes, la vue des écriteaux de location, libellés avec un complet irrespect de la langue et de ses lois les plus élémentaires, lui faisait éprouver de cuisantes tortures.

Balthazar, si connu par ses festins, fut certes fort désagréablement surpris... au moment du café, quand il vit la main d'un calligraphe mystérieux écrire *Mané, Thecel, Pharès* sur les murailles de sa salle à manger, avec des allumettes chimiques, peu employées encore à cette époque reculée.

Mais M. Bloquette était au moins aussi accablé que le monarque babylonien, quand il lisait sur les annonces d'appartements vacants :

Appartement à louer de suite !

Comme il avait pris, dès l'enfance, l'habitude de rectifier, mentalement, les erreurs grammaticales dont il était le témoin oculaire ou auriculaire, M. Bloquette murmurait :

— « De suite » est une locution adverbiale signifiant : l'un après l'autre, sans interruption, coup sur coup; lire trois pages de suite, ne pouvoir dire deux mots de suite. Tandis que « *tout de suite* » est une locution adverbiale qui veut dire : aussitôt, sans délai, et a le sens d'incontinent.

Cela murmuré, il s'en allait à ses affaires, désolé d'avoir constaté que les propriétaires persistent à ne pas vouloir siéger sur ce que je me permettrai d'appeler *Lhomond-Par-*

nasse, mais ravi d'avoir redressé, mentalement, l'erreur de ces hommes de lucre.

Les — « *incessamment l'ouverture* » — lui entraient dans l'âme comme autant de flèches haineusement barbelées par des sauvages.

Et il gémissait :

— Incessamment! mais cela signifie : continuellement! sans arrêt! et c'est par une coupable extension qu'on donne à cet adverbe le sens de *au plus tôt!* Rectifions! rectifions !

Si le chemin de son bureau, aller et retour, était pour M. Bloquette une voie douloureuse, quotidienne, ce bureau lui-même constituait pour l'employé un véritable enfer!

Dans le bureau de M. Bloquette, et principalement dans la bouche et sous la plume du chef de ce bureau, la syntaxe était traînée sur la claie à toute heure du jour.

C'était déplorable.

Ah! mon Dieu, la langue française, quand elle avait servi au chef de M. Bloquette, seulement pendant une heure, était à peu près en aussi mauvais état que la reine Brunehaut lorsqu'on l'obligea à faire de la haute école, attachée par les cheveux à la queue d'un cheval extrêmement peu dompté.

M. Bloquette faisait ce qu'il pouvait pour rajuster les morceaux de sa langue maternelle, mais, plus que jamais mentalement; d'abord par respect pour la hiérarchie, et ensuite de peur d'être flanqué à la porte. Il était donc forcé, — tout en souffrant comme ce Prométhée qui apprivoisait des vautours avec des morceaux de son foie sur une montagne, — d'expédier, sans y changer un seul mot, sans les épousseter du bout de la plume, les *minutes* que son chef sabrait sans gêne, en audacieux Bachi-Bouzouck du style qu'il était.

Mais, à quatre heures, M. Bloquette redevenait lui-même, c'est-à-dire le hautain et implacable confrère de Noël et de Chapsal, et de tous les grammairiens passés et présents, dont les œuvres complètes faisaient gémir les rayons de sa bibliothèque.

Relevant la tête, l'œil amer, il décochait

alors des rectifications à haute voix aux écriteaux fantaisistes qu'il avait la douleur de rencontrer sur sa route, les uns prévenant le public que le photographe du troisième fait des *portraits depuis cinq francs et au-dessus*, les autres avertissant le passant que le *concierge canne au fond de la cour*.

A six heures, M. Bloquette, libre de toute entrave, déchaîné même, se vengeait cruellement sur les cartes des restaurants de bas étage où il prenait sa triste nourriture, des souffrances endurées pendant les heures de bureau.

M. Bloquette ne dînait jamais chez lui.

D'un crayon magistral, avant même que le potage fût servi, il rectifiait, rectifiait et corrigeait, corrigeait !

Il remplaçait *sauce Béchamel* par *sauce à la Béchameil* et *Chaud-froid* de volaille par *Chauffroix* de volaille, en l'honneur des deux personnages du nom desquels on a baptisé ces mets.

Un jour, il eut une syncope en lisant sur une carte un certain *Veau marin* jeté là, négligemment, comme une abréviation naturelle de « Veau fricassé à la sauce Marengo ».

M. Bloquette était un puriste en matière de nourriture spirituelle comme en matière de nourriture physique.

On l'entendit pousser de sérieux hurlements, dans les restaurants de bas étage, en lisant l'un des mets favoris d'Albion, la culotte rôtie, le *Rump-steak* — orthographié : *Rhumstèque*, comme s'il venait de la Jamaïque.

Mais tout cela n'est rien, rien, Messieurs, à côté des transports de colère suivis d'heures de profond abattement, que causait à M. Bloquette la prononciation défectueuse du nom de l'excellent fromage (quand il est bon) dont les *yeux* voient le jour à Gruyère, canton de Fribourg.

Les garçons de restaurant semblent, en effet, se faire comme un malin plaisir de prononcer d'une façon vicieuse le nom vénéré de ce grand suisse. Rien ne peut les en empêcher. L'ornière est tracée ; ils la suivent aveuglément, à la queue leuleu, et les générations de garçons se succèdent en se passant comme les coureurs antiques le flambeau, — *vitaï lampada tradunt*, — la tâche d'estropier ce mot si succulent — Gruyère.

Oh! qu'il saigna, — dans ces jardins des Oliviers où l'on trouve le potage, trois plats, un dessert, une demi-bouteille et le pain à discrétion, le tout pour un franc vingt-cinq et même moins, — oh! qu'il saigna, le cœur du grammairien M. Bloquette!

Tous les soirs (car M. Bloquette était obstiné comme un joueur qui n'a pas de veine et espère toujours se rattraper), tous les soirs, M. Bloquette s'écriait :

— Garçon, le dessert! un morceau de fromage.

Et le garçon, interrogateur :

— Bon! — Fromage? — Suisse? Roquefort? Brie? GRUÈRE?

— Un peu de fromage de Gruyère, disait M. Bloquette d'un ton sévère, en insistant sur l'*i* grec. « Gruyère, » comme Bruyère.

Et le garçon hurlait comme s'il eût commandé un assaut:

— Du gruère! Oui, Monsieur! — Un gruère! un!

Tous les soirs, M. Bloquette recevait ce coup en pleine âme, et pourtant, chaque soir, il changeait de restaurant de bas étage, cherchant, avec la ténacité douloureuse d'Isis à la poursuite de son fils, ou d'un autre parent, le garçon qui voulût bien prononcer Gruyère comme on prononce Bruyère.

Ayant fait un petit héritage, il en profita pour explorer les bons endroits. Il expérimenta tous les restaurants propres. Partout il eut sa joie empoisonnée par l'éternel *gruère* des garçons impassibles ou souriants.

On eût dit que tous les soldats de Royal-Tablier s'étaient donné le mot pour enfoncer, tour à tour, la même épingle dans le sein grammatical de M. Bloquette.

Ivre de rage, fou, M. Bloquette prit le parti de quitter Paris, laissant plus que jamais madame Bloquette en proie à la rue aux Ours. Il demanda à faire valoir ses droits à la retraite. On l'y autorisa. Sa pension liquidée, il résolut d'aller se fixer à Gruyère même!

4

— Au moins là, pensait-il, le nom du généreux produit qui empeste la contrée sortira correctement de toutes les bouches.

Deux jours après avoir pris cette décision solennelle, M. Bloquette, suivi de quelques malles et d'un ballot de grammaires fraîchement éditées, arrivait à Gruyère, site fort agréable, bien que profondément caséeux, où l'on fabrique tous les fromages d'Europe, excepté le fromage de Gruyère.

En descendant de la patache qui l'amenait de Fribourg au centre de la fromagerie célèbre, il s'adressa à un honnête bourgeois qui, après avoir déjeuné avec du fromage de Hollande, fumait deux pipes de porcelaine peinte, et il lui demanda :

— Comment prononcez-vous, ici, le nom de votre village ?

L'honnête bourgeois retira ses deux pipes de sa bouche et répondit, avec un fort accent allemand :

— *Griers.*

M. Bloquette s'affaissa, évanoui, sur son ballot de grammaires. On le releva vivement. Mais une fièvre brûlante, peut-être la même que celle dont il est parlé dans Richard Cœur de Lion, s'empara du cerveau du voyageur et ne le lâcha plus.

Au bout d'une semaine, victime de son dévouement à la science, tué par un fromage, en un mot, M. Bloquette était conduit au champ du repos par tous les fromagers de *Griers* qui, après avoir déjeuné avec du camembert, fumaient chacun deux pipes, et ne comprenaient absolument rien au départ, par les voies rapides, de l'âme du puriste étranger.

Et madame Bloquette?

Madame Bloquette n'a cessé de s'en consoler!

ON PREND SON PLAISIR OU...

Mon ami Philippe me disait :
— Je ne vais pas très souvent au théâtre, mais enfin, lorsque j'ai l'intention de couronner une gaie journée par une soirée sans tristesse, je me fais cadeau d'un bon large fauteuil dans un théâtre à mélodrames, surtout quand on y reprend ces antiques pièces où un joueur de vielle, marchant à reculons, et tournant la manivelle pendant deux cent vingt-sept lieues, ramène au pays, en la charmant avec des airs alpestres, une pauvre fille folle, mais qui aime la musique comme si elle était une araignée élevée au collège de la Bastille par le professeur Pellisson.

» Je suis heureux dans ces théâtres-là.

» J'y ris avec ferveur.

» J'y ris comme à la première de cette opérette représentée jadis, sous Napoléon III, aux Fantaisies-Parisiennes, et dans laquelle, — pour obéir aux scrupules de la censure qui trouvait que le nom de Dieu y était par trop souvent proclamé, non sans raison, cette fois, — les auteurs, prévenus au dernier moment, avaient tout bonnement remplacé dans les rôles le nom du Créateur par celui d'Auguste.

» De sorte que, tout le temps, on entendait les personnages s'écrier :

» — Auguste soit avec vous ! Qu'Auguste vous bénisse ! Auguste soit loué !

» Les spectateurs, ahuris, se demandaient ce que pouvait bien être cet invisible Auguste annoncé sans cesse et qui ne paraissait jamais.

» Beaucoup se sont éteints sans l'avoir su.

» Donc, — c'est toujours mon ami Philippe qui parle, — je vais rire dans les théâtres hérissés de « Sauvé, mon Auguste, merci ! »

» Un soir, au bout de la lorgnette que je promenais au hasard dans les rangs superposés de l'auditoire, je vis, à la hauteur du poulailler, deux jeunes et jolies femmes, en bonnet blanc, qui ressemblaient fort, par le costume, à deux Duvalines en rupture de Bouillon. Leurs yeux étaient rouges et gonflés. On eût dit deux Madeleines revenant du Calvaire. Des torrents de larmes leur avaient été arrachés par les situations palpitantes de la pièce.

» Si je me le rappelle bien, c'était là cette grâce... d'Auguste, où un jeune homme chante à une jeune fille :

Toi, devant, et moi, derrière,
Nous pousserons le tonneau...

ce qui doit, en bonne logique, amener l'immobilité absolue du tonneau, à moins que la jeune fille ne soit la plus forte et qu'elle ne renverse pour jamais, elle le poussant par devant, celui qui pousse, par derrière, le tonneau.

» Il était question aussi là-dedans de la discussion d'un budget conjugal s'élevant à cinq sous, cinq sous!

» Mais il n'importe!

» Les figures des deux créatures en bonnet, et larmoyantes comme des Vierges allemandes de l'art primitif, ne me parurent pas inconnues, chose bizarre.

» A cette réflexion vague j'ajoutai :

» — Dans quelles Tuileries du diable ai-je déjà vu ces deux petites bonnes-là?

» Car..(entre parenthèses) :

. . . . .Je ne suis pas de ceux
Qui passent tout un jour, pensifs et paresseux,
Devant quelque palais regorgeant de richesses,
A regarder entrer et sortir les duchesses.

» Je regarde aussi les bonnes! Gœthe n'a-t-il pas dit :

» — La main qui tient le balai le samedi est celle qui caresse le mieux le dimanche.

— Oh! mon ami Philippe! oh!

Philippe poursuivit son récit.

— J'aurais juré avoir rencontré ces petites bonnes-là, sans leur bonnet, bien entendu, aux premières des grands théâtres, mais au balcon. Elles me rappelaient étonnamment deux cocottes illustres que... je l'avoue — j'ai bien avoué les bonnes ! — j'ai souvent frôlées, dans la vie, çà et là...

» On en voit tant et de toutes les couleurs dans le métier de flâneur.

» Pendant l'acte suivant, je continuai à lorgner, mais discrètement, les deux pleureuses du poulailler. Elles fondaient littéralement en pleurs. Les cascatelles d'Italie ne sont que de la gnognotte à côté des ruisseaux b.illants qui s'écoulaient sur les joues de ces deux Niobés en bonnets à brides coquettes.

» Un moment, je craignis pour la vie des spectateurs placés perpendiculairement au-dessous de ces quatre cascades lacrymales.

» Jamais de la vie je n'avais vu de robinets humains débiter leur sécrétion avec autant de force et d'insistance.

» L'averse dura toute la soirée.

» A la sortie, curieux de tirer cette affaire au clair, j'attendis mes éplorées au passage, dans un vestibule où les valets en faction avaient les épaules couvertes de fourrures si prodigieuses qu'ils auraient pu faire pousser des manchons rien qu'en regardant la terre, s'ils l'avaient voulu.

» Ils ne le voulurent pas.

» Quand mes deux inconnues défilèrent devant moi, épongeant encore leurs yeux à la coque, je les saluai poliment. Elles me regardèrent, rougirent, puis se mirent à rire en m'appelant par mon petit nom tout haut.

» Mes souvenirs ne m'avaient pas trompé. C'étaient bien deux belles-petites à la mode, trop à la mode, que je voyais coiffées d'inexplicables bonnets blancs.

» Après ça, le Moulin que vous savez leur a peut-être donné rendez-vous, à ces bonnets?

» — Corbleu, Mesdames, que faites-vous ici?

» — Nous vous le dirons dans un endroit chaud, d'abord, si vous nous y menez, dirent-elles ; ensuite si vous nous jurez de nous garder le secret.

» Je le jurai, dans cet endroit relativement chaud où je les menai, — conduit par elles, comme toujours, — et là, mais n'en dites rien à personne, elles me livrèrent le secret de leur âme.

» C'étaient en effet deux *belles-petites*, deux *tendresses* en rupture de *gomme!*

» Je vous prie de me pardonner cet argot, mais il est nécessaire et de circonstance.

» — Ces deux grues, je n'invente rien, notez-le, je vous prie, ces deux grues indélébiles, persuadées que les convenances s'opposent (?!) à ce qu'on pleure abondamment au théâtre, *surtout quand on est bien mise*, — ce fut là leur mot, — et, d'autre part, ne trouvant pas sur la terre de plus grand bonheur que celui de pleurer, *se payaient des parties de larmes*, en tenue de petite ouvrière, au paradis des théâtres à mélodrames.

» Lassées par la blague constante de leurs jeunes hommes d'amour, elles avaient la nostalgie de l'attendrissement, de temps à autre.

» Elles y cédaient, vaincues.

» C'était là leur fruit défendu. Elles se cachaient et se déguisaient pour aller le goûter, loin de leur monde, dans toute sa verdeur.

» Édifié, je quittai ces pleureuses que les entrepreneurs des funérailles britanniques nous envieraient au moins autant que notre magistrature, et d'un air doux — le bonheur repu rend mauvais — je leur promis que, tôt ou tard, bien mises ou non, si elles continuaient à faire les délices du genre humain, elles assisteraient à la représentation d'une pièce qui les ferait joliment pleurer, qu'elles y eussent du plaisir ou non.

» — Quelle pièce, Philippe ?

» — *L'Age mûr*, drame dans lequel le rôle du traître sera rempli par un acteur qui ne manque pas de talent, quand il s'agit d'arracher des larmes.

» — Son nom ?

» — Le Remords.

» — A la porte, Philippe ! »

MIDI A QUATORZE HEURES

Appelons-le Henri.

C'était le soir. Il était seul. Il pleuvait furieusement au dehors et, dans son esprit, une pluie de réflexions chagrines tombait également sans relâche.

Sur son visage, comme sur les vitres de sa croisée, brillaient, aux rayons de la lampe, de longues traînées humides.

Henri ne broyait pas du rose.

Il venait de voir et de quitter, désespéré, énervé, la femme qu'il aime, qui ne l'aime pas, et que cela amuse énormément de transformer un homme d'esprit en une bête imbécilement tendre.

Il s'était assis devant son feu, un joli feu de bois de rondins de chêne encore garni de la mousse de la forêt natale, son seul et dernier luxe.

Il regardait les tisons se garnir d'une crête intermittente de flammes murmurantes et se consumer peu à peu.

Henri fumait lentement une pipe amicale, les yeux perdus dans le foyer.

Un des tisons attira plus particulièrement son attention et la retint.

C'était une bûche dans l'écorce de laquelle on lisait distinctement deux *initiales* gravées jadis avec un canif.

Le canif d'un amoureux ! pensa Henri.

Deux initiales taillées très gravement, un jour de douce folie, à l'âge où l'amour transforme les plus sérieux en enfants.

Et Henri revit la scène : une jeune femme rieuse, rose et charmante, assise dans les herbes fleuries, et un beau garçon, un peu poétique, un peu toqué, incisant l'écorce de l'arbre pour y inscrire, en les enlaçant, les premières lettres du nom de sa bien-aimée et du sien.

A travers les feuilles tombent les flèches dorées du soleil, les oiseaux chantent dans les profondeurs du bois. Un parfum de sève et de fleurs flotte dans l'atmosphère tiède.

Puis un bruit délicat frappe l'oreille du pauvre Henri. C'est l'écho affaibli d'un baiser échangé autrefois. Le baiser des deux amoureux, quand leur chiffre fut sculpté dans le tronc du chêne.

— Hélas ! pense Henri. C'est la loi. Rien ne dure. L'âpre lutte pour l'existence donne à tout la mort d'où renaît une ère nouvelle. L'arbre croît, l'homme l'abat pour se chauffer, pour s'abriter, pour y cacher ses os.

» Et, parce que l'homme a besoin de maison, de chaleur et d'un cercueil, il a fallu que le bel arbre, sous lequel deux amants se sont aimés, où ils ont gravé leur nom, fût tué par un bûcheron.

» Et moi, ce soir, je termine l'œuvre de ce boquillon ; je réduis en cendres jusqu'au souvenir qui devait longtemps dire au rêveur : ici ont passé deux heureux.

Et Henri regarde avec tendresse le tison

qui brûle dans sa cheminée. Il envie ces amoureux inconnus. Lui, jamais il n'aura ce qu'ils ont eu : une heure de paradis sous des feuillages indulgents.

Il aime une femme qui ne l'aime pas, et qui rirait aux éclats si elle le surprenait gravant son nom sur une écorce, comme un berger des Bucoliques.

La pluie tombe toujours furieusement dehors. Dans l'âme de Henri tombe toujours une fine averse de réflexions douloureuses. Et sur ses joues, comme sur les vitres, coulent de longues traînées qui brillent aux rayons de la lampe.

Tout à coup, on frappe à sa porte. Un ami joyeux et goguenard entre. Il demande à Henri ce qui le rend mélancolique. Henri montre le tison, les initiales qui vont disparaître sous les flammes, et ouvre son cœur à un ami goguenard et joyeux.

— Allons, bon ! dit l'ami avec un rire bruyant, cela est bien de toi ! tu vas toujours chercher midi à quatorze heures.

— Comment cela ? murmura Henri.

— Mais oui, tu bâtis des forêts en Espagne, et des poèmes dans de la prose banale. Ces initiales, mon cher ami, console-toi, ce n'est point ce que tu penses, c'est la marque des lettres gravées par le marteau du forestier chargé de désigner aux bûcherons les arbres à abattre.

LE GALÉRIEN VOLONTAIRE

Réagissons, réagissons !

Le moment de se montrer réactionnaire pour le bon motif, me semble venu. Des nouvelles noires émaillent lugubrement les journaux. Racontons donc des histoires gaies.

L'histoire du petit X..., le galérien volontaire, une histoire qui n'a rien de triste, et qui est absolument authentique, est bonne à dire aujourd'hui.

Espérons que le récit de cette aventure si parisienne d'antan déridera quelques fronts.

C'était le matin du 24 février 1848. Il avait gelé blanc, mais le soleil brillait.

Ce matin-là, son panier d'écolier au bras et la tête enserrée dans une chaude casquette noire à oreillettes de velours grenat, le petit X... se rendait à sa pension.

Il amollissait une *peau d'anguille* à l'aide de ce procédé simple qui consiste à la mâcher sans relâche. Il comptait triompher au jeu du sabot, — ce derviche tourneur en bois, — grâce à cette peau ainsi assouplie.

La situation politique et le coup de pistolet tiré devant les Affaires étrangères, la veille, lui étaient parfaitement inconnus.

Tout à coup, les accents d'un groupe de personnes de conditions différentes et de costumes divers, qui passaient en chantant, et qui avaient l'air d'être fort pressées d'arriver quelque part, l'instruisirent d'un fait qui le rendit perplexe. Ces personnes assuraient, à tue-tête, que le jour de gloire était arrivé et que les citoyens devaient prendre les armes et former leurs bataillons.

Le petit X..., qui se sentait citoyen tout comme un autre, bien qu'il eût une casquette à oreillettes sur la tête et, sous le bras, un panier marqué, à l'encre, d'une grande X...

contenant une couple de tartines engluées d'un fromage d'une Italie problématique, se décida immédiatement à faire le devoir du jour, bien plus agréable que le devoir qui l'attendait à l'école, c'est-à-dire à courir aux armes, et à se former en bataillons, dût-il former le sien à lui tout seul.

Par exemple, il ignorait absolument, comme je l'ai dit, dans quel but on priait les citoyens de changer subitement leur manière de vivre, et il savait encore moins, si ce n'est davantage, où il fallait courir pour prendre les armes, et quelles armes ?

Le petit X... n'avait, en fait d'armes de *hast* ou de *jet*, perçantes ou contondantes, qu'une règle (*vulgo : carrelet*) illustrée de dessins naïfs, gravés en épargne et en creux. Or, comme il apercevait, entre les mains et sur les épaules des personnes qui passaient, d'un air pressé, des sabres de cavalerie et des mousquets, voire des canardières à canon peint en roseau — (comme celle que mon père perdit ce jour-là, entre parenthèses), — il jugeait bien que sa *règle* illustrée était tout à fait insuffisante et même ridicule.

5.

— Suivons ces gens, se dit-il. Ils me procureront ce qui me manque, une arme, et, en outre, je finirai par savoir de quoi il s'agit. En tout cas, ça a l'air très amusant, et je n'irai pas à la pension.

Il suivit la cohorte citadino-guerrière, après avoir déposé son panier dans un coin quelconque, et, avec tout le monde, il descendit dans Paris. Je dis qu'il descendit, car, à cette époque mémorable de son existence, le petit X... habitait au sommet de la montagne de Belleville.

Après une marche qui lassa fort ses petites jambes, mais toujours au sein de la cohorte guerrière, et invitant toujours les citoyens à former leurs bataillons, il arriva devant un monument précédé d'une grille, dont, en un clin d'œil, on arracha les barreaux. La foule entra par la brèche. Le petit X... suivit la foule. On entra dans des salles où il y avait quelques armes étranges, arquebuses et pertuisanes, accrochées aux murailles. La foule décrocha les armes bizarres. Le petit X... décrocha avec la foule.

Mais, ô surprise ! comme tout le monde lui arrachait les armes des mains, à mesure qu'il en avait dans les mains, le petit X... ayant bien travaillé, resta les mains vides comme devant.

Ce fut alors que, comme il errait assez tristement dans une cour solitaire, il découvrit un tas de boulets, empilés avec un soin administratif qui faisait plaisir à voir, et vernis comme des escarpins de garçon de café.

Personne ne prenant les boulets, le petit X... en saisit un, avec joie. Il en eut les mains irréparablement noircies. Mais c'est égal ! Il était armé ! et armé du plus terrible des projectiles de guerre, alors.

Il tira son mouchoir, y déposa son globe de fer, réunit par un nœud solide les quatre coins du tissu à carreaux, et emporta glorieusement l'arme que personne ne lui disputait.

Jean-Jacques Rousseau, parlant de madame de Warrens qu'on porte en chaise à son arrivée aux Charmettes, dit : « *Elle était un peu pesante.* »

Le petit X... n'était pas Jean-Jacques, mais il aurait pu dire exactement la même chose de la sphère de métal qu'il trimbalait avec orgueil.

Tout d'abord, le petit X... n'y fit pas attention. Il était fier de porter un boulet, tout comme un citoyen, et il marchait, au sein du peuple, sans daigner s'apercevoir du poids de son noble fardeau.

Au bout d'une heure de promenade, il en avait pleinement conscience ! Le boulet devenait d'un lourd ! — Néanmoins, le petit X... ne voulait pas le lâcher. Qu'aurait dit la foule ? Le petit X... croyait que la foule s'occupait de lui !...

Il garda donc son boulet, il en devint le galérien volontaire. Il le « coltinait » en dissimulant ses angoisses, dans tous les endroits où la foule s'arrêtait.

Mais, il faut l'avouer, le petit X... n'appelait plus les citoyens à former leurs bataillons avec la même ardeur que devant. Il s'occupait plus spécialement à changer de mains son boulet de Nessus !

On déjeuna quelque part. Le petit X... respira. Ses poignets à moitié disloqués et ses épaules brisées reprirent un peu de leur juvénile élasticité.

Mais il fallut se remettre en marche et former de nouveau ses bataillons. Le galérien X..., qui s'était condamné lui-même à la peine du boulet, fit un effort héroïque, reprit son instrument de torture, et suivit la foule.

Mais la force humaine a ses limites. Elle en a surtout de très fréquentes à l'âge de treize ou quatorze ans, surtout ! Le petit X... le constata douloureusement. Il n'osait cependant se libérer de son boulet. Il craignait les interrogatoires. On écrivait partout : *Mort aux voleurs !* Si on allait le prendre pour un voleur de boulet ? Terrible situation.

— Où avez-vous eu ce boulet ? aurait pu s'écrier une voix sévère.

Heureusement, en février, la nuit vient vite. A la faveur des ténèbres, le petit X..., qui avait quitté la cohorte guerrière sous un prétexte du plus haut naturalisme, dont il ne s'avisait que trop tard et alors qu'il avait les bras morts de fatigue, parvint à obtenir de lui-même la levée de son écrou, et il prononça, à son bénéfice, la séparation de corps et de biens avec son pesant compagnon.

En traversant une rue déserte, il aperçut une pharmacie dont la porte était encore ouverte. Il jeta un coup d'œil dans l'intérieur. Il n'y avait personne au comptoir. Il déposa son misérable boulet devant le comptoir et s'enfuit, comme Caïn devant l'œil de Dieu, courant tout d'une traite jusqu'à Belleville, où sa famille allait le faire tambouriner.

Le pharmacien n'a pas encore compris comment un boulet a pu entrer dans sa boutique, un jour de révolution, sans fracasser aucun de ses bocaux !

Mais il le fit monter sur un pied de fer, élégamment doré, et, pendant longtemps, on a pu l'admirer chez lui, entre les grands vases à liquide bleu et rouge de la vitrine. On lisait au bas, sur un écriteau : *Souvenir du 24 février.*

Je crois même que, sous l'Empire, ce pharmacien, produisant le boulet, a fait valoir si bien sa conduite en face de la « démagogie » pendant les heures où la société tremblait sur sa base, telle une gelée dans un compotier, qu'il a été un peu décoré.

LE DOCTEUR MINOS

En réalité, le sévère mais juste homme de l'art (D. M. A., comme dit la plaque de sa porte), que j'ai l'honneur de vous présenter, ne s'appelle pas plus Minos que vous ou que moi. Il n'a jamais régné sur un Labyrinthe, en Crète ; n'a jamais eu un cheveu pourpre, et n'a jamais été le collègue, au tribunal de Pluton, des inamovibles conseillers à la cour infernale : Éaque et Radamanthe.

Cependant, comme il pourrait siéger très bien à côté d'eux, en qualité de juge impartial, je n'ai pas cru devoir le nommer autrement.

Et vous allez voir, pour peu que vous ayez

le temps de parcourir ces lignes, que j'ai bien raison de le comparer à l'ami de Dédale.

C'est un vrai Minos, en paletot, je vous le dis.

— La maladie, me dit-il souvent, développe, exagère, dans le cœur de la plupart des hommes, l'instinct de la conservation, au point d'en faire le plus parfait des égoïsmes, c'est-à-dire le sentiment le plus antisocial qui soit au monde.

Le malade transforme son cas, surtout quand il n'offre aucune gravité, en un dolent astre central autour duquel doit graviter sans relâche, nuit et jour, sous peine de plaintes injustes et d'absurdes reproches incessants à l'égard de l'humanité condensée dans sa famille, tout un système planétaire de petits soins, d'affections ingénieuses, de chatteries, d'aimables paroles, de dévouements infatigables.

Mais la maladie fait naître encore chez nos patients, ou plutôt chez nos impatients, un sentiment aussi ardent que temporaire dont leur médecin, qui est souvent un inconnu appelé pour la première fois, est toujours l'objet. Ce sentiment, c'est *la reconnaissance du malade.*

Passion vive, mais éphémère, qui perd de sa force et de son éclat dès la première sortie, dès le lendemain du premier déjeuner du convalescent, et qui s'éteint peu de temps après sa guérison.

Pendant la convalescence, à l'aurore du retour de la santé, le médecin est tout simplement un ange, en chapeau rond, descendu du ciel. Huit jours après la remise définitive sur pied du client, en général, le médecin n'est plus, pour lui, qu'un simple créancier.

L'égoïsme du malade, dans la majorité des cas, cesse en même temps que la reconnaissance du malade.

Assez souvent, cependant, il lui survit, âpre et insatiable.

— C'est alors, me disait le docteur Minos, c'est alors que je m'érige en tribunal secret, que j'examine la cause, et que, la main sur la conscience, et me croyant destiné à soigner un peu l'âme en même temps que beaucoup le corps, je me permets d'infliger, d'un cœur tranquille, à l'ingrat et à l'égoïste, les légères et inoffensives punitions qu'il est en mon pouvoir de lui faire subir, et qu'il mérite.

» Exemple :

» Je soigne en ce moment une famille de commerçants dont tous les membres ont été presque simultanément malades.

» Le secret professionnel m'empêche de vous dire leurs noms :

» Le père, la mère et la fille, une belle jeunesse de dix-huit ans, se sont mis au lit en même temps.

» Le père a eu quelque chose à l'œil, peu de chose. Mais sa femme a la petite vérole et sa fille une angine. Les deux dames, fort heureusement, sont actuellement entrées dans l'agréable voie de la guérison, et j'en suis fort aise.

» Quant au père, il n'a plus rien du tout.

» Eh bien, figurez-vous qu'il croit toujours être le malade le plus intéressant des trois, après avoir été seulement plus ennuyeux à traiter, et il en profite pour m'accabler du récit de ses souffrances.

» Matin et soir, je visite la femme et la fille, qui sont de courageuses personnes et qui évitent de se plaindre, pour ne pas troubler l'égoïsme du chef de la maison.

» Le père, un bandeau maintenant assez inutile sur l'œil gauche, me reçoit dans sa boutique.

» — Comment va Madame ? dis-je.

» — Je vais très bien, docteur, me crie-t-il du plus loin qu'il me voit.

» — Bon. Et Madame ?

» — Madame, toujours la même chose, à ce que vient de me dire la bonne. Mais moi, j'ai bien déjeuné. Voyez la langue. Ça a passé comme une lettre à la poste, docteur !

» — Et Mademoiselle ?

» — Toujours la même chose ! Ah ! il faudra bien vite nous la guérir, docteur. Elle est indispensable au magasin, voyez-vous. C'est le moment des grosses expéditions.

» — Bien, bien. Je vais monter chez ces dames. Avez-vous vu votre femme, ce matin ?

» — Non, ah ! mais non, vous savez. — Diable ! c'est contagieux. Inutile de s'exposer, dans le commerce. J'ai été lui dire bonsoir, hier, par exemple, en faisant brûler du sucre sur une pelle, je vous l'avoue.

» — Allons, bon ! — Vous avez dû faire cruellement tousser votre pauvre fille.

» — Vous croyez? — Oui, un peu ; mais il faut prendre des précautions. Je vais très bien, maintenant, moi. Je n'ai pas envie de grossir de nouveau la note de vos visites, mon cher docteur... A propos, docteur, dites donc, est-ce que vous ne me jugez pas assez bien pour me permettre de retourner ce soir à mon café ? C'est là que je fais des affaires surtout.

» A peine cette question m'est-elle posée en riant par le naïf égoïste, que je me métamorphose en jury austère et je dis gravement :

» — Au café ! Vous n'y songez pas ! Allez au café, mais je ne réponds plus de votre œil !

» Et, tout bas, j'ajoute :

» — Ah ! mon gaillard, je vois ton point faible ; j'y vais enfoncer l'épine ! Pas de café, pas de pousse-café à un égoïste de ton calibre.

» Le papa reprend avec une tristesse qui n'a rien de feint :

» — Voilà qui est fâcheux. Enfin, en tout cas, à la maison, je peux bien fumer un petit cigare en buvant un petit grog. Le tabac, c'est un préservatif, d'abord.

» — Jamais de la vie ! — Vous tenez donc à devenir aveugle ? Pas de cigare, pas de pipe, pas de petit grog. Vous allez, au contraire, si vous êtes altéré, m'avaler une jolie boisson salutaire dont je vais vous donner l'ordonnance.

» Et, riant sous cape, je lui compose une mixture inoffensive, absolument inutile à prendre, mais incroyablement désagréable à déguster.

» Et je m'en vais content. L'égoïste est puni. Sa famille est vengée. La société sourit.

» J'en agis de même avec les mauvais citoyens.

» Je me rappelle que, la veille d'un vote important, j'ai consigné cinq ou six malades réactionnaires dans leur chambre pour le lendemain, et à trois ou quatre autres clients de même farine, fort bien portants, mais qui m'affirmaient être indisposés, j'ai ordonné une purgation et le repos au lit.

» Et c'est ainsi, en leur faisant du bien, que j'ai empêché une dizaine de réactionnaires de faire du mal, en allant voter contre les institutions républicaines.

VIOLONS DE CAMPAGNE

L'homme que je vais vous faire connaître, je ne le donne pas en exemple, bien entendu, — ah! mais non, sapristi! — je le cite comme une curiosité bizarre.

C'est un *poivrot*, mais un *poivrot* bucolique.

Il a commencé à boire, dans tous les « Au bon coing » de Paris, sous prétexte que l'affreux petit bleu qu'on y débite lui rappelait le *rejinglet* de son village.

Et maintenant, vers les trois heures, le lundi, quand on le rencontre, allant de côté, sans jamais tomber, comme une tour de Pise à deux pieds, il répond, — qu'il vient de faire « un petit voyage au pays ».

Ça veut dire qu'il s'est stupidement rempli l'estomac du vin qui lui rappelle la piquette de son hameau.

C'est absurde, mais c'est comme cela.

Du reste, il se soumet à la loi sur l'ivresse publique avec une docilité de caniche. Avant d'aller faire son « petit tour » hebdomadaire au pays, il sait à quoi il s'expose, et quand, le soir, son état d'ébriété avancée oblige les sergents de ville à le conduire au poste, il ne résiste pas un seul instant.

— Oui, mon agent, dit-il, on y va ! Présent !

Et il va finir sa nuit dans les *buen retiro*, que, je l'espère bien, vous ne connaissez pas, cher lecteur.

Quand vient octobre, et qu'on apprête seilles et paniers pour la vendange, les instincts bucoliques de notre poivrot se réveillent avec plus de force encore.

— Il lui faut voir la feuille avant de boire le jus.

Ce sont ses propres expressions que j'emploie.

Alors, il s'en va réellement à la campagne,

en plein pays vignoble, et il s'en donne, dans les cabarets à branche d'if ou à feuillage d'asperge, de façon à étonner les gardes champêtres les plus endurcis.

Dans ces tournées de vendanges, ce n'est plus seulement le souvenir du vin de son pays qu'il cherche, c'est le souvenir de son bon lit de famille, avec ses gros draps qui fleuraient bon.

Et s'il transgresse en pleins champs la loi sur l'ivresse publique, c'est que le vieux pochard a un but de sybarite.

Il veut coucher dans de bons draps bien lavés, lui qui, quand il n'habite pas son affreux *poussier* de la barrière de Vanves, n'obtient le lundi que le lit de camp des violons de Paris.

Il lui faut un violon de campagne. C'est sa villégiature. D'autres vont en Suisse, aux bains de mer, dans les Pyrénées, en Auvergne; lui, il va passer quelques nuits dans les violons de campagne.

Ça le repose, ça le refait.

— Au moins, là, dit-il, on est comme un

roi. Belle petite chambre, un grand lit bien frais, la vue d'un jardin parfois, à travers les barreaux de la fenêtre. Il me semble que je suis chez ma mère !

Il possède sa carte des bons violons de France, dans les pays à vins, comme d'autres possèdent à fond les indications des Guides relativement aux bons hôtels.

Il va tantôt ici, tantôt là, travaillant pendant six jours, comme le Seigneur, et le septième il se repose en se mettant dans les vignes dudit.

Après sa journée de chopines, il se fait cueillir par le garde champêtre et on le conduit dans la geôle du pays.

On y est plein d'égards pour lui, dit-il. Il y a de tout dans la chambre : de l'eau pour se laver, une glace pour se voir, et le matin, après la semonce du maire, un petit coup de l'étrier que lui offre son gardien, un vrai père, quoi !

La saison vineuse finie, il revient à Paris, dame, et plein de regrets, et ça explique, dit-il, pourquoi il ne peut pas se corriger. Sitôt qu'il se souvient de la campagne où il a été couché dans de si gentils violons, il devient triste et, ma foi, il noie son chagrin comme il peut, et avec n'importe quoi :

— Voyez-vous, mon agent, c'est comme ça !

C'est comme ça, mais c'est diantrement malheureux qu'il y ait des *poivrots* bucoliques ou urbains, hélas !

LES CHIENS PARISIENS

Le spirituel aquafortiste Félicien Rops, un Parisien de Bruxelles, me disait un jour que sa plus grande distraction, quand il a un moment de loisir, ce qui est rare, comme on le sait, était de suivre un chien guilleret quelconque, qui va à ses affaires, et de se laisser mener docilement par lui partout et même ailleurs.

A cette confidence, je répondis par cet aveu que, non seulement je comprenais très bien les plaisirs de ce voyage à l'imprévu derrière un chien, mais que j'avais étudié avec un intérêt profond les chiens autonomes de Paris, spécialement ceux que l'odeur des cuisines du Palais-Royal attire dans les rues sans joie et sans air aussi, qui entourent le monument où les diamants, ces truffes limpides de la joaillerie, cotoient les truffes, ces diamants noirs des restaurateurs.

La rue de Valois, entre autres, est comme la Petite Bourse de ces chiens sans maîtres, indépendants, autonomes, qui n'ont rien de la tristesse des chiens perdus, qui ont au contraire toutes les crâneries d'allures de chiens en lutte avec la marâtre société, qui la domptent, en tirent d'excellents morceaux à force d'intelligence, et se fichent du reste.

Si j'étais l'Anglais qui, pour avoir vu une femme rousse à Calais, inscrit sur son *memento* de voyage : « En France, toutes les femmes sont rousses, » je pourrais dire que la rue de Valois est une rue dans laquelle on reçoit des lapins sur la tête, perpétuellement, attendu qu'un soir, à la brune, la réception sur le crâne, d'un lapin avarié envoyé au diable par la fenêtre d'une cuisine, faillit abréger notablement mon existence.

Mais il n'en est rien, la chute des lapins dans la rue de Valois est rare; ce qui y est beaucoup plus commun, c'est la présence de chiens autonomes qui y viennent, comme à un marché, se nourrir des reliefs que les chefs et les aides de cuisine ont la bonté de leur offrir, à la volée, du haut de leurs sanctuaires.

Bénédiction et los, comme dirait un preux chevalier, sur ces braves émules de Vatel dont les chiens sans logis et sans rentes trouvent fréquemment le bonnet blanc sur le chemin de la compassion et de la bienfaisance !

C'est dans cette même rue de Valois que j'ai eu le plaisir de lier connaissance avec un chien, errant comme le Juif que vous savez, sans avoir ni malédiction sur la tête, ni cinq sous dans sa poche, ni même et surtout de poche pour y mettre ce léger subside quotidien.

Il n'était pas très causeur, ce chien, et il ne tenait pas à des preuves de ma sympathie, car il me dit d'un clin d'œil :

— Mon cher, marchons de conserve dans

le sentier de la vie, si ça vous va, mais pas de familiarités. J'ai mes affaires, vous avez les vôtres. Que ça soit dit une bonne fois pour toutes.

— Respectons son incognito et ses manies, me dis-je, mais suivons-le. Et je le suivis.

Ce chien réservé, qui ne tenait pas à être caressé ni plaint, marchait, la queue roulée en bugle anglais, ayant sur l'œil l'une de ses oreilles qui pendait comme un gland de bonnet de police d'autrefois.

Il était gras, lustré, propre, et il possédait un collier comme tout autre citoyen à quatre pattes, collier à la faveur duquel il passait fièrement devant les sergents de ville en ayant l'air de leur dire : « Inutile de m'examiner, je viens de là-bas et je vais à côté. Je suis très connu dans le quartier. »

Ce jour-là, mon chien autonome, qui, ma parole, semblait arpenter les rues, places, boulevards, jardins publics, en sifflotant un petit air gai, descendit d'abord sur la berge du quai du Louvre, se baigna, remonta sur le quai, inspecta le bureau des tramways,

happa le gâteau qu'un affreux marmot tenait
à la main, se sauva sous la pluie des cris de
rage, soulignés de coups d'ombrelle, que lui
décerna la mère dudit marmot, fit irruption
dans le jardin de la colonnade du Louvre, se
présenta, sous un vestibule voisin, à la porte
du musée assyrien, l'inonda pour se venger
du gardien qui l'avait chassé du seuil, tra-
versa le Carrousel, décocha ce que je crois
devoir appeler des œillades à des petites
chiennes très bien peignées, qui avaient la
tenue prude, élégante et discrète de tous les
chiens de Neuilly, retraversa le Carrousel
après avoir aboyé avec délices aux mollets
sacrés d'un curé qui descendait l'impériale
de l'omnibus de Vaugirard, en montrant ses
jambes semblables à deux bâtons de réglisse
noire, revint déshonorer d'une *miction* pro-
longée le seuil inhospitalier du musée des
antiquités babyloniennes, courut se poster
devant des apprentis imprimeurs et autres
margeurs qui, en rang le long d'un mur, au
soleil, mangeaient du cervelas et fumaient
des cigarettes, avala quelques bouchées que
ces bons gamins lui donnèrent, enfila la rue

de Rivoli, insulta des chiens bien plus gros que lui, se battit avec l'un d'eux aux environs de la tour Saint-Jacques, fut vainqueur, s'arrêta pour détruire à tout jamais une puce qui l'assommait depuis la rue du Pont-Neuf et l'obligeait à se mordiller tous les cinq pas, regarda distraitement Blaise Pascal sous la tour, essaya de conquérir par la force une dame, danoise d'origine, qui flânait d'un air stupide, reçut un coup d'un pain long que portait un boulanger joint à la chienne danoise par les liens de la sympathie, reprit sa course sans rancune, bouscula un curé (encore !) en ayant l'air de faire cette réflexion : « Drôles de gens, qui sont des hommes et entre les jambes desquels on ne peut se faufiler à cause de leurs jupons ! »

Bien que très essoufflé, je continuai de suivre mon chien autonome. Ça valait mieux que d'aller au cabaret. Il me fit avaler de nombreux hectomètres de pavage en grès ou en bois, de macadams divers, de bitumage, de dallage, etc.

Quand les allumeurs de gaz se manifestèrent dans les rues, mon chien, toujours sémillant, pensa qu'il était temps d'aller dîner, après une si bonne journée de travail. Il mit le cap sur la rue de Valois, vent arrière, et vint s'asseoir, le museau au ciel, au milieu de la chaussée.

La Providence, en béret blanc, se montra à une fenêtre d'office et lui décocha un aérolithe moitié os, moitié graisse. Le chien salua de la queue, et dîna. Après quoi, il reprit sa promenade, traversant les embarras de voiture avec un calme et une sûreté de coup d'œil remarquables.

N'en pouvant plus, je l'abandonnai à son heureux sort. Sans doute, il alla s'installer pour la nuit, qui était douce, dans un massif du jardin, autrefois réservé, des Tuileries, à moins qu'il n'ait été se creuser, dans un tas de sable, sur les berges de la Seine, un petit appartement absolument à l'abri des incursions des employés des contributions.

HISTOIRES DE CHIENS

La chasse est ouverte partout, même dans le département de la Seine, où il n'y a plus guère à tuer que des tramways en fait de gibier. C'est peut-être le moment de raconter des histoires de chiens plus ou moins de chasse.

Et, d'abord, n'est-ce point l'instant de révéler aux foules que le Dictionnaire de Bescherelle continue (voir la dernière édition) d'affirmer imperturbablement aux masses que :

« Le mot *chien* manque de noblesse, et ne peut *tout au plus* paraître que dans la poésie descriptive. Cependant le génie, à l'aide de l'encadrement, a su l'élever à la hauteur de l'épopée et de la tragédie. »

Que le mot chien *manquât de noblesse* il y a cinquante ans, c'est bien possible, mais que le *Dictionnaire national* de papa Bescherelle soit aujourd'hui plein de définitions absurdes, voilà ce qui est bien certain.

D'ailleurs, que le mot chien soit encore, pour quelques bons vieux classiques indurés, un mot roturier, cela ne m'empêchera pas de raconter l'histoire du célèbre Toc, un vieil artiste dramatique retiré du théâtre depuis vingt-trois ans, après y avoir eu de grands succès, et qui, comme j'ai eu le regret de l'apprendre avant-hier, est mort dernièrement à Chailly-en-Bière, chez son ami dévoué l'excellent Zarra, le peintre de décors bien connu.

Toc était un chien que M. Bescherelle aurait certainement traité dédaigneusement du haut de son Dictionnaire, car il manquait de généalogie d'une façon prodigieuse.

C'était un chien des rues, sans race aucune, que le style noble eût répudié sans doute, mais qui avait toutes les qualités d'un homme de grand cœur, le dévouement et le désintéressement, la tendresse et la reconnaissance.

Son absence de papiers de famille et son aspect, il y a vingt-trois ans, étaient tels qu'on l'avait baptisé immédiatement du mot d'argot par lequel on désigne le *faux* en bijouterie. On l'avait appelé *Toc*.

Il apparut dans le monde des arts quelques jours avant la reprise aux *Folies-Dramatiques* d'une vieille pièce de Cogniard, *la Courte Paille*.

Vavasseur jouait là-dedans le rôle d'un conscrit éploré, qui se présente pour tirer au sort en compagnie de son chien. Vavasseur n'était pas beau. Il lui fallait un chien laid. Un concours de chiens misérables et tristes eut lieu à cet effet. Toc obtint la palme !

D'où venait-il ? Quel âge avait-il ? Mystères ! On ne chercha pas à les pénétrer.

On lui confia le rôle. Il l'apprit en peu de jours et répéta comme un ange. A la *première*, son entrée lamentable fut couverte d'applaudissements.

On n'avait jamais vu un chien plus affreux et plus intelligent.

Il joua, tous les soirs, avec un immense succès.

Le succès épuisé, Harel, qui avait alors la direction des Folies-Dramatiques, eut l'inclémence et l'ingratitude de songer à se débarrasser de Toc en l'envoyant soit à la fourrière, soit à la rivière, en un mot, à la mort.

C'était bien mal reconnaître les services gratuits (à part une pâtée quotidienne) du malheureux artiste à quatre pattes.

Mais la Providence, sous les traits de Zarra, se manifesta généreusement en cette circonstance.

Zarra, ému, demanda à emmener chez lui le chien si injustement condamné à une fin prématurée. On lui donna volontiers l'horrible Toc qui avait l'air d'un louveteau dans la débine et qui effrayait les populations sur son passage.

Zarra présenta Toc à sa femme.

Madame Zarra, qui devait, pendant vingt-trois ans, faire une vie de paradis à Toc, ne voulut pas en entendre parler d'abord. Le chien repoussé, fut confiné dans l'atelier des décors, et il n'était admis à visiter ses parents d'adoption que le dimanche. Mais, comme il avait mille talents, il arriva, par ses charmes et son esprit, à se faire admettre bientôt le jeudi et le dimanche, puis tous les jours fériés, même en semaine ; enfin il vainquit toutes les objections, renversa les dernières barricades, et, avant la fin de la première année, il s'était installé quotidiennement, pour toujours, dans l'appartement du maître ès décors.

Il y est resté vingt-deux ans, régnant en souverain absolu, mais en souverain plein de douceur, et ayant su — comment ? c'est un secret qu'il a emporté dans la tombe — devenir gras et beau, d'abominable et maigre qu'il était, et passer du roux pisseux au noir d'encre de Chine le plus séduisant.

Si jamais chien a été dorloté, c'est bien Toc !

Du reste, dans le monde des théâtres, on dit proverbialement entre gens de la brosse :

— être heureux comme un chien chez Zarra.

Dans ces dernières années, Toc avait perdu, tour à tour, chacun de ses sens, et ne reconnaissait plus la venue de ses maîtres qu'au frémissement du parquet sous ses pattes restées sensibles.

Toc sommeille à présent, sous un grès de Fontainebleau, dans le jardin même de la petite maison fleurie et ensoleillée de Chailly-en-Bière, où Zarra se repose de ses immenses décors en peignant de claires et fines études d'après les beaux hêtres de la forêt.

Car Zarra est un peintre délicat et rapide auquel ses travaux ont donné une habileté et une sûreté de main étonnantes, sans rien lui ôter de la vérité, de la fraîcheur et de la précision du ton.

C'est à tort que quelques historiens mal informés prétendent que Toc, ayant forcément pris sa retraite après *la Courte Paille*, fut, comme tous les vieux acteurs, empoigné par le désir de reparaître encore une fois sur les planches, et joua, sous un monceau de peaux de chats sauvages, le rôle d'un tigre dans *les Couteaux d'Or*.

Ce fut, en effet, à un chien que l'économe père Billion confia la peau et le rôle d'un tigre dans ce drame exotique ; mais le chien était un levrier, non sans talent, mais plein d'illusions, qui fut lui-même remplacé, peu après, par un simple rugissement exécuté dans la coulisse par le père Billion en personne, à l'aide d'un instrument de son invention.

Le rauquement du tigre Billion ressemblait beaucoup au braiement d'un âne enrhumé, c'est évident, mais il ne faut pas en rendre Toc responsable.

J'avais à cœur de rétablir les faits dans toute leur authenticité.

Il y a quelque temps, comme j'allais à Chailly, de mon pied léger, pour demander des nouvelles de Toc, ce Mathusalem des chiens, je passai devant la tour gothique à créneaux érigée, à six kilomètres de Melun, sur la terre de feu le comte de Chateauvillard, un autre ami passionné des chiens.

Dans cette tour, à quelques pas de ses chiens bien-aimés et de son cheval, repose ce grand chasseur, qui fut le Nemrod le plus ardent et le plus original des temps modernes.

Dans ce coin de terre, clos de murs, où successivement furent enterrés, sous un chêne, les chiens courants ou d'arrêt qui furent ses compagnons, et auxquels il avait fait élever une colonne commémorative, le comte de Chateauvillard voulut être enterré à son tour, près des bêtes qu'il aimait avec tendresse.

Son vœu a été respecté. Il dort, sur ses propres terres, embaumé, dans des cercueils de plomb et de chêne disposés de telle façon que le buste et le visage sont restés visibles à travers une glace.

Mais l'ouverture du cénotaphe de marbre qui contient les cercueils, et par laquelle on aurait pu contempler le cadavre, ayant été mal exécutée, cette ouverture a été rebouchée, il y a quelque temps.

Quoi qu'il en soit, le désir d'un vieux chasseur est exaucé. Il est inhumé à côté de ses chiens favoris, dans la plaine couverte de bruyères et de genévriers qu'ils ont si souvent parcourue ensemble.

Toc n'a pas un monument aussi pompeux, mais sa maîtresse et amie, dont il a été le tourment et le plaisir pendant près d'un quart de siècle, vient souvent s'asseoir, pensive, près de son modeste mausolée, en compagnie de Golo, frère et successeur en gentillesse du vénérable Toc.

FUNESTE PRÉSENT

Mon ami Philippe a reçu du ciel — c'est même le seul cadeau qu'il ait jamais reçu de ce parent haut situé — ce qu'on est convenu d'appeler *une figure sympathique*.

Funeste présent !

Tant qu'il fut un des joyeux habitants du royaume sans souci de *Gosserie*, il n'eut pas précisément à en déplorer les conséquences.

La *Gosserie*, entre parenthèses, est un royaume qui confine au joli *Pays des Joujoux*. Le grand-duché de *Pas-de-Pions* lui est limitrophe.

Là, les inconvénients d'une figure sympathique ne sont pas cuisants.

Mais, plus tard, quand, pour cause d'instruction à faire, il dut émigrer dans le sombre empire de *Pions-sur-livres,* il commença à constater quelle abominable plaisanterie s'était permise la Providence, en le dotant *d'une figure sympathique.*

Par exemple, en classe, le regard du professeur — lequel était jeune et timide — s'arrêtait de préférence sur sa « figure sympathique », et c'était toujours à cette figure d'aspect engageant que s'adressaient ces demandes, ces interrogations si embarrassantes (surtout quand on ne sait pas un mot de sa leçon) qu'on aimerait tant à entendre adresser à ses voisins.

On ne demandait jamais, à l'improviste, à Bigaille, à Trifouinard, à Claquedou, à Stripette, ses camarades de banc, de répondre subitement à une question terrifiante et imprévue : Trifouinard, Bigaille, Stripette et Claquedou n'avaient pas une figure sympathique.

Ils étaient bienheureux, Claquedou et consorts.

Entré dans la vie, mon ami Philippe, porteur d'une figure de plus en plus sympathique, eut à en souffrir d'une façon inconcevable.

Je ne veux pas tout dire ; mais qu'on sache seulement ceci : d'abord, les dames, qui n'aiment pas beaucoup en général les sympathiques, et qui leur préfèrent sans cesse des têtes sombres, énergiques, accentuées et même rudes, ou bien folles et comiques, les dames, hélas ! négligèrent beaucoup mon ami Philippe.

Ah! par exemple, les femmes malheureuses, les trahies, les oubliées, les abandonnées, en firent souvent leur ami. Elles lui confiaient leurs chagrins ; elles le priaient de leur ramener les infidèles : elles lui faisaient porter des lettres de pardon ou des demandes de réconciliation.

Il fut le commissionnaire des âmes brisées.

Il avait une figure si sympathique !

Comment ne se fût-on pas fié, comment ne se fût-on pas confié au possesseur d'une figure semblable !

Mais quant à l'aimer, jamais! Les femmes,

qui lui trouvaient la figure sympathique, et qui le lui disaient, n'avaient qu'un but : — être maltraitées de nouveau par ceux qui n'ont pas une figure sympathique.

Qu'il est amer le célibat de cœur des êtres à qui le ciel a fait le funeste présent d'une figure qui n'inspire aucune espèce d'antipathie aux dames !

Mon ami Philippe tâchait d'oublier Vénus en appréciant avec ferveur les produits de la collaboration de Bacchus et de Cérès.

Il déjeunait bien, dînait mieux, et soupait comme s'il n'avait pas dîné et déjeuné.

Pourtant, quand il accomplissait cette belle fonction au restaurant, le malheur jetait un grain de chicotin dans son verre. A peine s'était-il installé, bien commodément, dans un bon petit coin, à une table vide, comptant lire tranquillement son journal en mangeant, à peine savourait-il le bonheur de l'isolement dans une foule, qu'entrait dans l'établissement un monsieur, hésitant et doux, lequel, regardant à la ronde, cherchait « une figure sympathique » — pour s'asseoir à côté d'elle — et causer !

En chemin de fer, sa figure sympathique, aperçue à la portière d'un wagon où il comptait voyager à l'aise, attirait immédiatement sept personnes dans le compartiment.

Et chacune d'elles, tour à tour, transformait mon ami Philippe en une espèce de vase propre à recevoir les plus absurdes confidences.

— Monsieur (textuel), lui dit un jour un individu larmoyant, Monsieur, je ne suis pas du tout satisfait de mon intérieur. Ma femme m'a trompé (et il comptait sur ses doigts), ma femme m'a trompé avec un officier de santé, un; avec un entrepreneur de bitumage, deux; avec un comédien, trois; avec un commis du Louvre, quatre. C'est intolérable ! C'est pourquoi je voyage. Je vais en Italie. Beau ciel, Monsieur ; mais on dit qu'il y a des puces, voilà l'inconvénient !

Pauvre Philippe ! Il prétend que le vautour du Caucase ne s'est acharné sur le foie de Prométhée que parce qu'il lui trouvait une figure sympathique.

Partout, partout, hélas ! sa brave et bonne

figure lui attire l'obsédante confiance des masses. On le prend pour juge dans des querelles dont il ne sait pas le premier gros mot. On en fait de force un expert. Des inconnus exigent de lui qu'il soit témoin de duels. On vient naturellement à lui, comme à un ami donné par le ciel à tous les passants. Les petits enfants l'escaladent dans les salons et le dépeignent avec tendresse. Dans la rue, il est suivi par tous les chiens perdus.

Sa vie ainsi s'écoule et l'âge vient. Sa figure s'attriste, mais reste sympathique.

Le jour de sa mort, bien que sa vie ait été pure et bonne, son âme, il en est persuadé, ira tout droit dans la grande maison de rôtissage Diable et Cie.

Pourquoi ? Parce que Diable et Cie, séduits par sa figure sympathique, se feront un devoir de l'emmener chez eux.

Funeste présent !

LE DERNIER LATIN PUBLIC

A PARIS

Parmi les Parisiens bizarres qu'il m'a été donné de rencontrer dans la vie, je dois évidemment compter M. Violette, ancien professeur de huitième. Cet honnête homme, après sa mise à la retraite, aurait vécu, sans un seul pli de roses dans ses draps, si son cœur n'eût été attristé, chaque jour, par la disparition progressive du latin public et des girouettes sur les monuments de Paris. Afin de soulager son esprit, fournissant un exutoire à sa mélancolie, je lui ai fait un jour écrire le mémoire suivant.

Avant d'entrer en matière, — matière que j'espère traiter à la parisienne, « sans poser, sans rester, » comme a dit Victor Hugo, — je me permets d'engager les dames à lire la présente série de notes, malgré son titre qui, je l'avoue, fleure étrangement l'odeur poussiéreuse du monde où l'on ne s'amuse pas.

Qu'elles se rassurent, ceci n'est point un *pensum* pour lycée de filles.

Entre parenthèses, comme dernier latin public, le mot *pensum* restera sans doute longtemps encore un des mieux cramponnés à la langue française, et les ombres des esclaves antiques à qui on donnait un certain *pensum* ou poids de laine à filer par jour, pourront voir, pendant bien des années, les petits Français de l'avenir recevoir et filer, du bout de leur plume à trois becs, des « pensums » accablants d'inutile copie.

Le latin, dans les mots, brave l'honnêteté, c'est connu. Il est fort important pour moi, aujourd'hui, qu'il brave surtout l'ennui des lectrices. Essayons d'obtenir ce résultat.

Les rois s'en vont. Les morts vont vite. Le latin fait comme eux. Il a régné, il meurt et il disparaît rapidement. Le temps est loin où la reine Margot haranguait en latin les ambassadeurs polonais venus saluer à Paris leur futur roi, le duc d'Anjou. A présent, quand on donne au Théâtre-Français la « cérémonie » du *Malade imaginaire*, il n'y a pas trente personnes que divertisse la lettre même de ce spirituel latin de cuisine... médicale.

Aussi, à Paris, le latin public se fait de plus en plus rare, et les dernières enseignes libellées dans la langue de Tibère disparaissent chaque jour.

C'est peut-être le moment de recueillir quelques-unes de celles qui persistent.

On vient d'en effacer une, rue Geoffroy-Saint-Hilaire, au coin de la rue Censier, qui, depuis un demi-siècle, résistait à des badigeonnages iconoclastes. Dans mon enfance, je la lisais avec une respectueuse ignorance, cette inscription, peinte en caractères énormes. Elle avait été commandée, il y a quarante ans, par un bourrelier épris de belle latinité, à un... professeur d'Orléans ! (Pourquoi pas à un professeur de Paris ?) — Je tiens le renseignement du successeur actuel du bourrelier érudit. Cette inscription apprenait aux cochers et aux cavaliers de ce quartier lointain (où on était très ferré sur le latin, paraît-il, à cette époque-là) que, chez le bourrelier en question, on était sûr de trouver, confectionnés avec un soin inouï, les harnais et accessoires de tout genre dont peuvent avoir besoin les conducteurs de chars et les écuyers : — *Equarii et Rhedarii ornatus ex omni genere, perpolitissime confecti !*

Moins heureux que le vaisseau de la ville de Paris, qui, lui, *fluctuat nec mergitur,* le latin de la rue Geoffroy-Saint-Hilaire a cessé de surnager. Il a sombré dans un seau de badigeon.

Et l'inscription curieuse du bourrelier d'antan serait aujourd'hui perdue, si elle n'était couchée sur une des pages du livre de commerce de son successeur, lequel a pris soin d'en conserver la mémoire pour faciliter ainsi les recherches « des antiquaires ».

Un bon exemple à suivre et que nous recommandons.

Puisque nous sommes rue Geoffroy-Saint-

Hilaire, il n'est pas besoin de nous adresser à des *rhedarii* à l'heure ou à la course pour nous faire conduire au Jardin des Plantes, où, en lettres d'or, autour du bandeau de la lanterne du labyrinthe, s'enroule encore ce charmant latin public de cadran solaire : « Je compte les heures, excepté celles qui ne sont pas ensoleillées : *Horas numero, nisi serenas.* »

Dans ce même jardin cher à tous, le dernier latin public de la science éclate de cent façons, et, pour n'en citer qu'une seule, citons ces plaques indicatrices perchées au bord d'une tige de fer, dans les parterres, à côté de chaque plante, et qui ont l'air de dire en hiver, épitaphes botaniques : « Ci-gît une fleur ! Priez pour elle ! »

Cela soit dit en passant ; car, bien entendu, sous la rubrique : Dernier latin public, nous ne signalons pas plus amplement le latin de la science ou celui du culte, ni le latin des citations littéraires, ou celui des inscriptions funèbres. Il faudrait des volumes pour en enregistrer les nombreux exemples, destinés à vivre encore pas mal de temps, bien que la suppression du discours latin de la Sorbonne ait déjà donné aux restes officiels de la langue romaine le signal de la retraite et — si j'ose m'exprimer ainsi — le coup du latin.

Néanmoins il serait difficile de ne pas mentionner au moins les inscriptions latines de la suprême demeure souterraine des milliers de Parisiens, c'est-à-dire les Catacombes, consacrées à la mémoire des ancêtres : *Memoriœ majorum !*

On songe, en lisant ces deux mots, aux médecins hérissés de latin de jadis qui ont envoyé là, prématurément, tant de nos ancêtres ! Les médecins modernes expédient peut-être leurs contemporains avec aussi peu de ménagement, mais, au moins, ils n'abusent pas autant du latin que leurs aînés, car c'est à peine si, de nos jours, ils écrivent encore, en tête de leurs ordonnances, cet R qui est la première lettre du *recipe* antique et solennel devant lequel s'inclinait si bas l'apothicaire du dix-septième siècle.

Les peintres, comme les médecins, ne manifestent plus guère d'amour pour le latin public. Les *pinxit*, les *fecit*, les *pingebat*, les *perficiebat* sont presque totalement abolis. Cependant les *Del* (*ineavit*) des dessinateurs et les *S* (*culpsit*) des graveurs montrent encore de l'entêtement à vivre. Ils continuent d'avoir lieu au bas des estampes. De même, dans la typographie, le *D* du *Deleatur* (qu'il soit enlevé !) est toujours fort employé à l'heure de la correction des épreuves.

Je parlais d'apothicaire d'antan, tout à l'heure, eh bien ! il est encore à Paris, rue Vieille-du-Temple, un pharmacien, lequel est aussi un chimiste distingué, chez qui le latin étincelle, — et non point, ce qui serait banal et professionnel, sur des bocaux, mais au-dessous de son propre comptoir, en magnifiques caractères d'or, et, en lettres noires, sur ses factures et étiquettes.

Depuis cent ans, la règle de conduite de cette pharmacie, où on lit, en outre, la liste complète de ceux qui l'ont tenue et fait prospérer, est contenue dans le dernier latin public que voici : *Præcipites validis, tardæ languentibus horæ :* « Les heures, qui passent d'une façon si rapide pour les gens bien portants, sont interminables pour ceux qui souffrent. »

Et, comme ses huit ou dix prédécesseurs, le pharmacien actuel, quand il se sent prêt à céder à quelque velléité de paresse, n'a qu'à lire ses étiquettes pour être poussé par leur inscription latine à ne pas différer d'un instant la préparation des remèdes que les languissants attendent avec tant d'impatience !

Ce latin semble lui dire : *Memento* que tu es pharmacien et que tu peux tomber malade. Hâte-toi donc pour autrui, afin qu'on se hâte un jour pour toi.

Passons du grave au doux.

Rue des Saints-Pères, un chocolatier de la bonne roche déclare encore, par la voix de deux mots latins, forgés pour toujours avec du fer, et qui font partie des ornements déjà anciens de sa boutique, que l'on joint chez lui l'utile à l'agréable, le tonique au parfum, le cacao à la vanille : *utile dulci;* c'est ainsi que s'expriment les lettres de fer doré qui brillent au-dessus de la porte.

J'aime à croire que cette heureuse extension commerciale donnée au mot d'Horace n'a pas cessé de captiver et de séduire les passants, quoique, j'en ai bien peur, la plupart de ceux-ci doivent être aujourd'hui, sur le latin, de la force de ce personnage de Paul de Kock qui se bornait à traduire *Ludovico Magno* par Porte Saint-Denis.

Quoi qu'il en soit, armé de son engageant *utile dulci,* que le chocolatier de la vieille roche poursuive sa carrière, mêlant *utile dulci* sans s'occuper de ses obscurs blasphémateurs, et qu'il espère le succès, et il l'aura : *Fac et spera*, comme s'écrie *l'homme qui bêche* sur les couvertures des livres de l'éditeur Lemerre !

J'ai dit que je ne parlerais pas en détail des *vade mecum*, des *stabat mater*, des *vice versa*, des *Dominus vobiscum*, ni des inscriptions latines qui persistent sur les monuments publics. Pourtant, à propos de la Colonne, je tiens à faire remarquer que le Napoléon III pour qui on me faisait implorer le ciel en latin, au collège, en l'appelant *Napoleo*, a eu une sorte d'homonyme sur la Colonne, lequel était appelé, lui, *Neapolio*

— Est-ce que *Napoleo* et *Neapolio* ne seraient pas parents, même en latin ?

Et puis, parmi les inscriptions latines que portent encore le marbre ou la pierre de certains monuments parisiens, il en est d'évidemment fort ignorées par le public curieux. Je crois utile de les lui signaler particulièrement.

De ce nombre sont les inscriptions de fondation du premier amphithéâtre officiel de médecine, placées sur la rotonde, extrêmement gracieuse d'architecture, dont la façade élégante et très bien conservée est visible dans la cour intérieure du numéro 13 de la rue de la Bûcherie.

Cette rotonde historique, et qui devrait être acquise comme une des plus charmantes constructions parisiennes du dix-huitième siècle, est devenue une maison de tolérance !

Il y a quelques années, elle était habitée par un marchand de vins, et, dans le sous-sol, où s'élève, comme un champignon prodigieux, le pilier unique sur lequel repose tout l'édifice, avait lieu alors un bal — le bal des *Rats*. Un vieux Parisien m'a affirmé que ce bal, une sorte de Lapin-Blanc du temps de Louis-Philippe, possédait encore pour attrait ceci, qu'on y buvait sur d'énormes tables de marbre, qui étaient les anciennes tables de dissection de l'amphithéâtre !

Les tables ont disparu. Un chiffonnier occupe le sous-sol. Des filles ont remplacé les *doctores doctrinæ*. C'est le cas de s'écrier : — Oh ! que ce lieu est différent de lui-même : *Quantum mutatus ab illo !*

A Saint-Sulpice, autre curiosité fort inconnue de la foule. — Sur un obélisque de marbre blanc de huit mètres de hauteur, dressé contre la muraille nord, une inscription latine apprend au visiteur perplexe l'utilité de la longue ligne de cuivre qu'on remarque, tracée sur le pavé de la *croisée*, et qui, arrivée au pied de l'obélisque, le gravit jusqu'à son faîte.

C'est un méridien établi au dix-septième siècle par Henri Sully, et destiné à fixer d'une manière certaine l'équinoxe de printemps et le jour de Pâques.

Le rayon solaire tombe sur la ligne de cuivre par une ouverture de trois centimètres de diamètre, pratiquée à vingt-cinq mètres de hauteur dans le carreau de tôle d'une des fenêtres méridionales.

Il est temps de clore ces notes, d'abord par un mot de regret à l'adresse du célèbre *castigat ridendo mores* à jamais disparu du rideau des théâtres de Paris, où l'on rit toujours, mais où l'on n'est plus corrigé, et ensuite par la citation d'une enseigne de barbier, en grec ! ! ! qui, florissante en 1827, a fini dernièrement ses jours chez un marchand de bric-à-brac du parvis de Saint-Étienne-du-Mont.

On lisait, au-dessous d'un barbier représenté les armes à la main, ces mots : « *Keïro takista kaï siopo* : Je tonds rapidement et je me tais ! » Enseigne pleine de malice à l'égard des confrères lents et bavards.

M. Anquetil, mon cher oncle, helléniste distingué, qui est actuellement le doyen d'âge des anciens élèves de l'École normale, à qui je parlais de cette enseigne, m'apprit — à ma vive surprise — qu'il s'était fait souvent tondre et raser en 1827, en compagnie de M. Vacherot, chez un barbier orné de cette même enseigne, lequel était installé à côté de Louis-le-Grand, où se trouvait alors l'École normale. Ce grec séduisait les élèves, et ils allaient tous se faire adoniser chez cet érudit qui semblait leur crier :

— Ah ! pour l'amour du grec, souffrez que je vous rase !

Et ils firent longtemps la fortune de ce tondeur, vivante contre-partie du fameux barbier romain qui, lui, à ce qu'en dit Martial, rasait si lentement que, quand il achevait la joue droite, la joue gauche, précédemment fauchée, était déjà recouverte d'une moisson de barbe nouvelle.

CALENDES D'AVRIL

Calendes d'avril, vous voilà donc revenues encore une fois, votre absurde Poisson sous le bras !

Je vous salue au nom des Français (ils ne sont malheureusement pas assez rares) qui, ne créant plus de vaudevilles, tiennent cependant à prouver qu'ils sont nés malins, puisque Boileau le veut ainsi, et continuent de mystifier les gens, le premier de ce mois,

Étrange plaisir !

Aujourd'hui, dans les rues, on a vu encore errer, allant naïvement de boutique en magasin et d'atelier en bureau, des apprentis des deux sexes, des petits clercs et des trottins, chargés par leurs aînés d'aller leur chercher des produits improbables et des outils impossibles.

Les modistes, les fleuristes ont envoyé leur petit souffre-fantaisies quérir la *presse à velours*, le *bouquet de roses des vents,* le *tulle de cuir*, les *rubans de crin*.

D'autres ont été demander de *l'huile de cotrets*, des *sardines de Suisse*, *le rabot à fromage*, *l'essence de pioupioutam*.

Sans mettre un seul instant en doute la parole de gens du métier, plus âgés qu'eux, les infortunés gamins et les malheureuses gamines s'en vont à la découverte de ces spirituels poissons d'avril. Ils vont de marchand en marchand, partout repoussés, ici avec des rires, là avec des indications d'adresses fantaisistes. N'osant rentrer les mains vides à l'atelier, craignant d'être rudoyés ou traités d'idiots, ils font des kilomètres en vain.

Et de rire ! aurait dit Jules Janin.

Le résultat le plus clair de ces délicieuses farces, c'est de rendre l'enfant, trompé et humilié, d'une incrédulité telle, d'une circonspection si intense, d'un scepticisme si indéracinable que, si on lui annonce, le lendemain, cette fois sérieusement, que ses parents sont à la mort, il répond :

— Oh ! mince ! tas de vieux blagueurs ! je la connais. On ne me la fait plus.

Le plus fort poisson mystificateur qui fut jamais donné à avaler, non à des enfants, mais à des hommes, — et pourtant ce ne fut pas en avril qu'ils l'avalèrent, — ce fut ce fameux turbot de Domitien. Réveiller à l'aube un tas de pères conscrits, les amener tremblants chez César, et cela pour leur demander à quelle sauce il convenait de manger ce turbot, c'est une farce d'une taille qui donne la mesure de ce qu'on pouvait exiger des sénateurs d'autrefois.

Nos poissons d'avril se digèrent plus facilement.

Ah ! c'est qu'à Rome, les amateurs de poisson n'y allaient pas par quatre chemins, quand il s'agissait d'améliorer le sort des bêtes qu'ils élevaient dans leurs viviers.

J'en appelle aux mânes des maigres esclaves que Vidius Pollion faisait jeter à ses chères murènes, pour les engraisser, — pour engraisser les murènes, entendons-nous !

Du reste, parmi les pisciculteurs français il s'est trouvé des gens qui, certainement, tenaient plus à la vie d'un poisson qu'à celle d'un homme.

Je ne dis pas cela pour M. Coste et ses confrères du Collège de France.

Auguste Vitu a raconté, dans ses curieux *Ombres et Vieux Murs*, et un poète, que je n'ai pas à nommer, a mis en vers une petite fantaisie du connétable de Lesdiguières, qui vaut le trait de Vidius Pollion.

Au château de Vizille, on voit encore, près de la porte d'entrée, une pierre sur laquelle est gravée :

Une tête coupée à côté d'un poisson.

Cette aimable image est commémorative du fait suivant : le vieux Lesdiguières, après avoir changé trois ou quatre fois de croyance, s'était fixé à Vizille, avec sa seconde femme. Les truites des petits ruisseaux torrentueux du parc sont célèbres. Lesdiguières les adorait. Il voulait en goûter seul. Or, un jour, un misérable valet fut surpris mangeant, avec délices, une jolie petite truite pêchée le matin dans le parc.

Lesdiguières le sut, et, sans attendre que le corps du délit fût digéré, il fit immédiatement couper la tête du valet, pour lui apprendre, sans doute, à ne plus la perdre une autre fois en voyant du poisson défendu.

Le valet décapité, Lesdiguières chargea un sculpteur de graver sur une pierre, à l'entrée du château, comme un gracieux avertissement symbolique à l'adresse des amateurs de truites seigneuriales, la tête coupée et le poisson dont nous avons plus haut parlé.

Terrible poisson d'avril.

Avril, mois des poissons imaginaires, est aussi le mois des poissons réels. C'est l'époque où le maquereau, par exemple, arrive en abondance à Paris, avec le louable dessein de se faire accommoder aux groseilles vertes.

Jadis, le maquereau s'appelait même par excellence le *poisson d'avril.*

Aujourd'hui il a bien d'autres significations.

Je n'insiste pas.

Mais, puisque me voilà nageant en pleine ichtyologie, cette science dans laquelle, comme on sait, Aristote était infiniment plus versé que dans la science des chapeaux, quoi qu'en dise Sganarelle, je me crois autorisé à ne pas sortir de mon sujet.

Encore quelques poissons historiques. Ce seront mes poissons d'avril. Ils ne mystifieront personne. J'ose même espérer, pour les faire passer, lecteurs, sur cette sauce dont vous n'êtes jamais avares, l'indulgence.

Je ne vous parlerai ni des carpes de Fontainebleau, ni de leurs sauts, ni de leurs boucles d'ouïes en or, car les légendaires carpes séculaires de Fontainebleau n'ont pas d'anneaux d'or et datent, toutes, de 1815 ! Je ne vous rappellerai même pas que l'auteur de l'*Éloge de la Folie,* Érasme, — dont il y a au Louvre un si beau portrait par

Holbein, — ne pouvait souffrir le poisson et s'évanouissait à sa seule odeur.

Cet homme d'esprit, qui était un savant, aurait dû pourtant songer, en essayant de vaincre son antipathie, que les ichtyophages vivent très vieux, et que la poissonnaille maintient toutes les fonctions dans un état d'agréable vivacité, en même temps qu'elle tonifie le cerveau.

Ceci me fait souvenir que le fin littérateur américain Marc Twain, consulté par un monsieur qui lui envoyait à juger un manuscrit en le priant de lui dire, en même temps, ce qu'il lui faudrait manger de poisson pour tonifier son cerveau, lui fit cette réponse :

— Cher Monsieur, j'ai lu votre ouvrage : et cette lecture me permet de vous informer que, relativement à la question que vous me posez, j'évalue la quantité de poisson que vous avez à manger encore à la grosseur d'une baleine environ.

De l'Amérique au Japon il n'y a qu'un peu d'eau à traverser. Franchissons les vagues pour parler un peu du *Taï*, le magnifique poisson reproduit à l'infini par la céramique et l'éventaillerie du Japon, et dont l'image immense flotte au haut des mâts les jours de fête.

Le *Taï*, le savoureux *Taï*, emblème de la richesse maritime du Japon, le *Taï*, que le dieu Yébis presse amoureusement entre ses bras, est mangé avec autant de respect dans l'empire du *Lever-du-Soleil* que les murènes à Rome, les sterlets en Russie, et même à Paris l'horrible turbot, furent et sont mangés par les riches ichtyophages.

Les Japonais ont même des raffinements qui nous sont inconnus, quand il s'agit de servir un *Taï*.

On le mange le plus souvent cru. Mais ce n'est pas assez de l'avoir cru, il faut l'avoir vivant sous la dent. Or les gourmets de là-bas ont inventé ceci : le *Taï* est découpé, vivant, en tranches minces (ne jetez pas les hauts cris, mangeurs d'huîtres crues et de homard à l'américaine) !

Le *Taï* est donc découpé en rondelles qui, tenant encore un peu à l'arête dorsale, sont rapprochées les unes des autres de façon que le poisson assassiné garde sa forme.

On l'apporte sur un plat, aussitôt l'opération faite, et, à l'aide d'une goutte de vinaigre versée dans l'œil du poisson expirant, on lui procure une convulsion suprême qui, soudain, devant les convives, étale les tranches découpées.

C'est assez « ouverture de ventre », ce petit traitement-là. Mais ça a de la couleur.

Seulement, s'ils savaient ce qui les attend, les petits *Taïs* ne demanderaient certes pas à leur dieu de leur prêter vie pour devenir grands.

Comme je désire que cette causerie, bien qu'elle n'ait rien d'une sirène, hélas! ne finisse pas comme ladite sirène — en queue de poisson, encore que nous soyons le 1er avril, je raconterai l'histoire suivante, qui n'a, du reste, d'autre rapport avec l'ichtyologie, dont j'ai abusé peut-être, que la mer où l'histoire se passe.

En mer, il est d'usage, quand un navire en rencontre un autre, de se demander mutuellement d'où on vient, — sa longitude — où on va, etc. — Une causerie à coups de pavillon télégraphique.

Or, un matin, me disait le capitaine V..., j'aperçois, me précédant dans la Manche, un bâtiment d'allure anglaise. — Je hisse mon pavillon et je lui pose les questions d'usage.

L'Anglais ne daigne pas répondre tout d'abord. A la fin, il finit par montrer le mouchoir de poche de Saint-Georges ; mais ensuite, il reste muet, sans doute pour se moquer du Français qui, sans lui être présenté, s'avise de lui dire bonjour.

Je continue poliment à hisser mon alphabet en étamine. Il ne répond toujours pas. Ma foi ! la moutarde me montait au nez ; je devinais mon Anglais, raide sur sa dunette, la lunette à l'œil et riant de mes télégraphes. Qu'est-ce que je fais alors ? J'avais un cochon de lait à bord. Je l'attache à un bout de corde et le hisse à l'artimon. Ça valait bien cette réponse-là.

NOUS SOMMES HIDEUX

Amère constatation !
Nous sommes hideux positivement.
— Qui cela, nous ?
— Eh ! nous, parbleu ! Les hommes : moi, vous, lui, eux, et les autres aussi.
— Bah ! physiquement ?
— Sans doute. On trouve bien, par-ci par-là, en fouillant, quelque belle âme dans notre affreuse race. Mais extérieurement, à ne considérer que l'enveloppe, nous sommes hideux, tous, sans exception.
— Et les dames ?
— Ah! les dames, charmantes! passables au moins, et constamment. Nous les regar-

dons d'ailleurs à travers un coquin de prisme, et la tête garnie de réflexions, de souvenirs, de projets coupables. Elles ont le prestige ! Elles savent le conserver même dans un âge avancé. Elles gardent généralement des atouts agréables dans leurs cartes, dont elles ne nous montrent que le dessus. Mais nous, nous sommes hideux !

— Tant que cela ?

— A ce point que je me demande souvent avec un étonnement sombre, par suite de quelle horrible dépravation du goût une femme arrive à porter, ne fût-ce que pendant six minutes, le portrait d'un homme en broche de châle. Du reste, je suis parfaitement convaincu qu'une dame qui a le courage d'exposer en public le portrait de l'homme hideux qu'elle a choisi, est absolument folle.

— Diable !

— Je le répète, nous sommes hideux. A première vue, en masse, les hommes n'ont pas l'air d'être ce que je vous dis. Mais examinez-les bien. Examinez-les brusquement, lorsqu'ils croient, innocemment, que vous faites comme eux, que vous les imitez, et vous verrez, alors qu'ils ne seront plus sur leurs gardes, la triste photographie qu'ils offrent aux regards.

— Eh bien ! et les femmes ?
— Quelque dépeignée ou endormie que puisse être une femme, à table, au bain, l'hiver ou l'été, jamais elle ne sera hideuse. Désagréable, laide peut-être, mais jamais hideuse. Mais, nous, nous ! hélas !...
— Voyons, des exemples ?
— Au restaurant, par exemple, à l'heure de la véritable faim, à déjeuner, regardez tout à coup vos voisins qui ne se doutent pas qu'on les observe. La tête de Méduse est un gracieux camée à côté de la figure d'un homme qui mange, seul, au milieu d'autres hommes. Toutes les grimaces de la bête qui s'assouvit, en s'aidant férocement des organes ébréchés que lui prête la nature, passent sur le visage humain. Les yeux roulent dans l'orbite ; les muscles s'abaissent, s'élèvent, se gonflent ; les oreilles se dressent, les tempes ondulent, comme prises de co-

liques ; le nez se tord, les moustaches se hérissent, imbibées de sauce. Ignoble tableau ! Et quel bruit de crocs s'entrechoquant au sein de beefsteks !

— Et les dames ?

— Oh ! les dames ne s'abandonnent jamais complètement. Elles sont toujours sur le qui-vive. Les petits airs de chatte difficile suivent leur cours. Les mains prennent élégamment la chair sanglante. Les lèvres délicates boivent largement, mais avec grâce.

— C'est juste.

— Et pendant le sommeil ! Dieu, que nous sommes hideux en wagon, la nuit. Quel oubli parfait de la *pose !* Le visage se détend, la bouche s'ouvre, le nez devient inexplicable et semble composé seulement de deux noires narines. Les cheveux, crinière ridicule, gras de pommade, pendent misérablement sur le front ridé, plissé, obscène. Quelle face de pendu récalcitrant nous avons, la nuit, en wagon, quand l'égoïste sommeil nous pétrit de ses mains bienfaisantes, mais satiriques...

— Et les dames ?

— Exquises, presque toujours, dans les bras de Morphée. Que ceux qui, la nuit, n'ont pas regardé dormir leur maîtresse avec un plaisir attendri, lèvent la main !

— Eh ! oh !... poëte !... Vous avez cependant raison. Je l'avoue en rougissant.

— Et l'hiver, cher Monsieur, les mines gelées des petites dames qui trottent menu, par les rues, frottant leur bout de nez rougi dans les poils de leur manchon, n'ont rien de hideux.

— Non, c'est vrai. Cela fait même rêver à des fermetés marmoréennes de chairs fraîches visitées par la bise indiscrète. Elle n'est pas bête, la bise !

— Bon. Quant aux messieurs, violets, et qui ont l'air de fondre, en commençant par le nez, vous ne pouvez les trouver jolis.

— Non ! Ils sont même hideux, comme vous le dites.

— Très bien. Vous y venez. L'été, c'est un autre tableau, mais il est également infect. Un phoque en chapeau de paille, ruisselant d'eau, est, au mois de juillet, le portrait sans retouche d'un monsieur qui vient de monter une côte.

— Exact.

— Il est rouge et jaune comme un nouveau-né ; en outre, il souffle comme un cheval arrivé premier d'une demi-tête.

— Parfait.

— Bref, nous sommes hideux d'un bout de l'année à l'autre, déplorablement hideux, surtout quand, ainsi que j'ai eu l'honneur de vous le dire, nous sommes persuadés que personne ne nous regarde, et que nous pouvons bien nous mettre un peu à notre aise. Notre sans-gêne, entre hommes, fait notre laideur. Heureusement les femmes existent, et les faveurs qu'elles accordent rarement au mérite, et toujours à l'ensemble agréable de notre anatomie extérieure, servent à nous maintenir, de temps à autre, en public, dans le chemin de la bonne tenue et du maquillage, quitte à redevenir, une heure après, ce que nous sommes habituellement, c'est-à-dire, hideux.

DISPARITIONS

C'est évidemment « bête comme chou » ce que je me propose d'avoir l'honneur de vous raconter à propos de choux, si, en réalité les choux sont aussi bêtes que ça, ce que rien ne démontre, en dépit du dicton populaire.

Mais j'espère obtenir l'approbation de tous ceux qui, comme moi, déplorent la mise à la mode et la mise à la réforme des antiques chevaux de bois, en déplorant à mon tour la disparition effectuée, ou près de s'accomplir, de certaines choses qui nous réjouissaient fort l'œil et l'esprit jadis.

D'abord et d'une, comme disait ma mère-grand, au nombre des choses qui s'en vont et ne seront bientôt plus qu'un souvenir, il faut mettre en première ligne, avec émotion, le *Chou symbolique,* d'un si joli vert et d'un feuillet si arbitrairement disposé, truffé d'enfants nus d'un si joli rose de radis, que livrait à nos admirations d'amateur, à l'âge de la culotte fendue par derrière, le tableau-enseigne des « sages-femmes de première ou de deuxième classe, reçues à la Maternité ».

Entre parenthèses, et entre nous, comme elles étaient rarement de deuxième classe, sur leur tableau, les dames habiles qui coupèrent et oignirent les cordons ombilicaux de nos aïeux !

Toutes de première classe !

Mais passons. Donc, le chou s'en va ! Le grand Pan est mort ! Nous avions également perdu monsieur de Malbrouck. Il ne nous manquait plus que de voir disparaître le Chou des Matrones, le Cabus ou le Brocoli obstétrical à l'aide du portrait duquel Lucine faisait bouillir sa soupe dans sa marmite.

Coulez, ô mes quelques larmes !

Chou plus vert que les flots de la Manche,

chou sous lequel je suis né, — (vous ne me ferez jamais croire le contraire,) — tu t'en vas et tu nous quittes, mais ta belle image ne sortira pas de nos cœurs, n'est-ce pas, Silvestre ?

Éclos généralement dans ce désert verdoyant, sans limite et sans nom, que les peintres d'enseignes aiment à mettre comme fond dans leurs ouvrages, le *chou* d'antan remplissait de ses feuilles charnues, à l'orgueilleuse envergure, les trois quarts du cadre. Dans son cœur, d'un ton aimable, de petits homards humains, ou des espèces de petits poulpes vermeils, étaient condensés en tas attendrissant. Une *élégante* de 1828, en chapeau vaste, vêtue de robes somptueuses, contemplait ce chou piqué d'enfants, qui tendaient vers son chaste sein une masse de petits bras, pinces ou tentacules.

C'était un spectacle délicieux, une sorte de phare de la paternité, que découvraient et que contemplaient de loin, l'œil mouillé, les passants féconds et les mères futures, songeant à leur intéressante position, et se disant : « La femme qui repose derrière ce chou me servira probablement le jour où il y aura *puéril en la demeure.* »

Mais tu disparais, Chou, emportant avec toi les petits enfants rouges insérés dans ton cœur, emportant l'élégante de 1828 qui t'admirait ; emportant aussi le clocher lointain et discret qui, dans le fond du tableau, indiquait que la sage-femme pouvait soigner à la fois le corps et l'âme, et porter le nouveau-né aux fonts baptismaux.

Adieu donc, *Chou !*

Avec le *Chou* s'en vont aussi, parmi les enseignes, la Scène, martiale autant que rafraîchissante, qui se passait de chaque côté d'une impétueuse bouteille de bière de Mars, à la porte d'un cabaret, et la Rencontre, dans un pays sans horizon, sans table et sans bouteille, de deux charbonniers, le sac sur le crâne, qui trinquent le verre en main.

Versez encore quelques pleurs, ô mes yeux, à la mémoire de ces enseignes disparues.

Moi j'aimais, et qui ne les aimait patriotiquement ! ces deux housards extrêmement brandebourgés, moustachus, à plumet monumental, qui, assis, de côté, sur des bancs, tendaient de hautes chopes décorées de ronds nombreux, au jet mousseux qui s'échappait avec folie, tant la bière était bonne, d'un cruchon ou d'une bouteille à col court.

Il y a trop de Cabanels et pas assez de Rencontres de charbonniers, le sac en tête, le verre en main, sur les murs de Paris ; il y a trop de Bouguereau et pas assez de housards brandebourgés à l'excès, buvant l'indomptable bière de Mars à la porte de cabarets à toits bleus.

Hélas !

Et les *corbeilles à croquets* — qu'on apportait toujours jadis avec la bière, même dans les cafés les plus à la mode du boulevard, que sont-elles devenues ? On n'en voit plus la queue d'une.

Sont-ils morts les vanniers qui tressaient ces corbeilles à anses rondes, mobiles et battant contre les flancs du petit panier comme des boucles d'oreilles contre une joue ?

Et les pâtissiers préhistoriques qui composaient et cuisaient les croquets incroquables de ces corbeilles, que sont-ils devenus ?

Problèmes pénibles.

Un être plus à plaindre encore que le peintre d'enseignes et que l'imprimeur auxquels la mode interdit de faire des *choux à enfant,* des housards bombardés par la Bière de Mars, et des Rencontres de charbonniers trinquant à cent lieues de tout endroit habité ; un être plus à plaindre que le vannier des corbeilles qu'on n'apporte plus, et que le pâtissier des croquets qu'on ne croque plus, c'est le romancier qui joue du *pirate* dans son usine à feuilletons.

Il n'y a plus de forbans. On n'en fait plus. Le moule est brisé.

M. de Rothschild, qui est amateur de curiosités, a fait demander partout une paire de flibustiers vivants, à n'importe quel prix. On n'a pu la lui procurer. Il en a été pour ses frais. Heureusement, il est à son aise.

Des *écumeurs de terre,* on en a tant qu'on veut, et pour rien. Depuis le krack, notamment, place de la Bourse, on en rencontre des centaines.

On en donnerait treize pour douze, comme on dit en librairie.

Mais impossible d'avoir des *écumeurs de mer*.

Aux dernières nouvelles, le seul corsaire authentique du globe tirait son diable par la queue, dans un coin des îles de la Sonde.

Désespéré, il avait brûlé ses vaisseaux, — pour se chauffer.

Plus de pirates ! — Dans les cafés-concerts de Paris, de pâles *romancistes* (on dit bien guitaristes) essayent encore d'exploiter le forban, et, parfois, un ténor en habit noir, avec du linge qui l'est un peu moins, vient chanter à la foule : *A l'abordage, feu !* Mais c'est bien sans conviction.

— Ça ne va plus la romance des « beaux navires » et des pirates, même dans les poésies des endroits où Apollon *verse à l'as*.

On y préfère ce délicieux refrain:

Vrai, ça m'fait suer quand j'pense à ça !
Y avait qu'des muf's à c'te noc'là !

Moi, j'aimais assez le pirate. Mais il n'y en a plus.

Je puis m'en consoler ; mais quelle désolation cette certitude cause derrière les bastingages des romanciers qui, après avoir mangé et digéré Walter Scott, Cooper et le capitaine Marryat, n'ont plus rien à se mettre sous la dent et plus rien à mettre sous les yeux du lecteur infortuné de leur roman-feuilleton.

On m'a assuré que les principaux entrepreneurs de romans à forbans se sont cotisés pour venir en aide aux derniers contrebandiers et négriers de la côte d'Afrique, lesquels sont malheureux comme des poissons volants, car ils n'ont rien à écumer sur les mers, pas même et surtout un pot-au-feu.

Si je ne craignais d'être traité d'imposteur, j'affirmerais à ces romanciers qu'ils jettent leur argent par la fenêtre, en souscrivant pour l'entretien des derniers flibustiers, car il n'y a pas de flibustiers sur les Océans, à présent.

On y est aussi en sûreté qu'au *Lion d'Or*,

à Chailly-en-Bière, chez mon ami Isidore Paillard.

Il n'y a plus de corsaires, et M. Chaise, le directeur des *Bateaux-Mouches*, cette escadre du *Fluctuat nec mergitur*, m'a confié, sous le sceau du secret, que le dernier forban, dégoûté des mers improductives et revenu à de meilleurs sentiments, a liquidé le fruit de ses rapines, qui ne lui permettaient pas même de s'acheter un *londrès*, et s'est fait pilote à bord d'une hirondelle.

Il distribue des rectangles troués, en cuivre, et s'écrie non plus : *A l'abordage !... Feu !... Pas de quartier !* mais : *La Concorde !... Quand vous voudrez !*

Enfin, je regrette encore les Girouettes et les *Épis* de terre cuite ou de plomb, qui découpaient leurs fantaisies métalliques ou céramiques au faîte des maisons.

Aujourd'hui, les architectes méprisent les girouettes.

Nouveau crime à mettre à l'actif, déjà si abondant, des architectes modernes.

LE RAT-GOUTTEUX

Aujourd'hui, le moindre *goussepain* ne se déclare satisfait, et encore, que quand il a pu voir, du haut de son *paradis*, au théâtre, les trente-cinq tableaux d'une pièce, dite scientifique, qui a coûté, pour la monter, deux cent mille francs au moins.

Il a l'éblouissement difficile, et, quand les collaborations pharamineuses des beaux-arts, de la chimie, de la physique et de toutes les sciences nouvelles ne lui donnent pas du nouveau, il déclare que ça ne vaut pas un radis.

Autrefois, mettons trente ans, il lui en fallait joliment moins pour le contenter.

Notez que je ne blâme pas son moderne appétit de l'inconnu, sa soif de l'inouï, son immense besoin de l'idéal qu'il désire servi sur un plat d'or, sa curiosité insatiable.

Sans la curiosité, cette aile de l'esprit humain, nous en serions encore à manger du lapin cru et bien peu vidé, dans les forêts non défrichées de la préhistoire.

C'est parce qu'il y a eu un homme ayant la curiosité de mettre de la viande sur du feu et du sel sur de la viande pour voir si ce traitement en changeait les propriétés primitives, que nous avons maintenant partout, à toute heure de jour ou de nuit, des jambons tout prêts à être mangés et des machines qui, happant un cochon vivant, le rendent, dix minutes après, en chipolatas.

Donc, je ne blâme pas l'avidité prodigieuse et infatigable de l'esprit moderne. Loin de là !

Je constate seulement quel pas de géant le goût, la passion du nouveau et de l'inédit, ont fait depuis trente ans seulement.

Voulez-vous un exemple ?

Dans ces mêmes champs de Ménilmontant, où Jean-Jacques Rousseau fut renversé et meurtri par un chien de chasse qui se jeta dans les jambes du philosophe distrait, — on allait en foule, il y a trente ans, des faubourgs de Paris, déjeuner dans un restaurant alors solitaire au milieu des vignes, et qui s'appelait le *Rat-Goutteux*, par corruption, sans doute, de Rat goûteux (faiseur de ragoûts).

L'enseigne du Rat-Goutteux représentait effectivement un rat marchant à l'aide de béquilles dans un paysage agréable, tandis que, tapi sous un buisson de roses, un chat le guette. Au-dessous de ce tableau on lisait :

En dépit des envieux
Vivra toujours le Rat-Goutteux.

Cette poésie sans faste indiquait suffisamment que le Rat-Goutteux défiait toute concurrence.

Après déjeuner, on allait voir le *Rocher*.

Le *Rocher du Rat-Goutteux* était la *great attraction* populaire des faubourgs de la capitale, il y a trente ans.

Le *Rocher* consistait en une étrange grotte de pierres meulières, meublée d'un nombre énorme de choses de toute sorte : coquillages, vieux rubans, images, statuettes cassées, fleurs, arbustes, navires d'enfant, miroirs, jets d'eau, etc. etc. On regardait par des verres grossissants dans l'intérieur de cette grotte impossible où le soleil se glissait en longues flèches, en fusées éclatantes.

Le spectacle qu'on apercevait, à travers les lentilles grossissantes, était réellement des plus inattendus. L'imagination éperdue y voyageait dans un paysage fantastique, irrisé de tous les rayons du prisme, incompréhensible, mais charmant.

C'était indescriptible, mais extraordinairement curieux. Quel artiste fou avait bâti cette grotte ! On l'a toujours ignoré. Mais il avait réussi son œuvre, certainement.

Je me rappelle des ponts suspendus sur des abîmes où grondait une eau écumeuse, des antres mystérieux où s'ébauchaient des formes vagues, des forêts accrochées au flanc à pic de montagnes se perdant dans les nues ; tous les plus étonnants aspects d'un monde, après un déluge, et couvert des débris de choses humaines, étaient réunis dans cette grotte dont les divisions fantasmagoriques vues à travers les lentilles, prenaient des proportions insensées.

Il y a plus de splendeurs dans les apothéoses des féeries d'aujourd'hui ; mais je déclare que la grotte du Rat-Goutteux était stupéfiante pour le regard et pour la pensée.

Mais elle existerait encore, que les plus modestes des apprentis parisiens contemporains ne daigneraient pas se déranger pour aller la voir.

Le curieux et l'inattendu qu'il leur faut, doit, à présent, pour les empoigner, coûter au moins quelques millions.

L'AMOUR DE LA SCIENCE

ET LA SCIENCE DE L'AMOUR

Mémoire trouvé dans un wagon.

. . . .

L'honorable sir James Whitebread, M. P. (Chambre Haute), chez qui je professe la science culinaire française, a dernièrement exprimé avec violence, pendant que Milady était à sa toilette, son intention d'appeler Sa Seigneurie devant le jury, pour fait de criminelle conversation...

J'ai été prévenu de ce fait grave, ces jours-ci, par la jolie *governess* du futur enfant que Milady ne peut manquer d'avoir, un jour ou l'autre.

La jolie governess m'a averti en même

temps que je serai probablement invité par Milord à venir déposer devant les magistrats.

Je suis très troublé.

Mais je ferai mon devoir avec la plus entière partialité, et je révélerai, au bénéfice de Milady, les circonstances atténuantes qui suivent, et que je couche ici, par écrit, pour n'en oublier aucune au moment décisif.

J'espère pourtant encore que le scandale de ce procès n'aura pas lieu, et que lady Whitebread saura démontrer à temps, à son mari, l'absurdité de la monstrueuse accusation.

C'est une femme aussi intelligente que superbe, Milady ! Hurrah pour elle !

Je commence ma déposition :

De sir James Whitebread, j'ai peu de chose à dire. C'est un parfait gentleman, très hautain, quoique haut comme botte, toujours vêtu d'un drap couleur poire blette le matin, mais étincelant, le soir, de la tenue mortuaire des gens du monde. Il est très fier d'avoir des ancêtres à Hastings. Un de ses aïeux y fut même tué à la queue de trois mille vaisseaux en fuite, paraît-il. Délicat outre mesure (c'est là le *hic*), milord assure que, lorsqu'il commet l'imprudence de sortir après avoir oublié par mégarde ses bagues dans son cabinet de toilette, il attrape un rhume de cerveau. Cela ne l'empêche pas néanmoins, pour se donner du ton sans doute, de recourir au curaçao de Hollande avec une telle insistance que Milady s'en plaint, et, avec son esprit malicieux, elle lui a même dit une fois :

— Mon cher, la langue vous fourchera un jour et vous finirez, avec votre curaçao, par saluer Sa Gracieuse Majesté d'une inconvenance : « *God save Focking!* »

Mais passons.

Un ministre d'État anglais fend du bois pour se distraire, lord James Whitebread, lui, fait du canotage. « Mon *Dieu*, mon *Roi*, ma *Rame*, » pourrait être sa devise.

Il manœuvre si bien l'aviron qu'il en oublie Milady. De là, dans leur intérieur, certaine froideur très visible dans leurs rapports quotidiens. Je tiens le renseignement de la jolie governess.

Cependant, en dépit de sa santé précaire,

Milord, — toujours d'après la même jeune personne, — se montre d'une jalousie et d'une fidélité publiques réellement blessantes à l'égard de Sa Seigneurie. Car cela semble dire à cette noble femme :

— Je vous sais si incapable d'inspirer une passion, ma chère, que, pour vous épargner la compassion générale, je me sacrifie et je vous reste ?

Milady a longtemps supporté ce pénible état de choses. Puis Sa Seigneurie, un beau jour, a manifesté l'intention de se livrer tout entière à l'étude des sciences naturelles. Grande surprise et profond contentement de Milord ! Il amena lui-même à Milady un professeur français, sans grande beauté, quoique professeur de physique, mais très savant. — Au bout de quelques séances, le sourire était revenu sur les lèvres de Mialdy.

Qui pourrait baser sur ce changement d'humeur si prompt les causes premières du procès injuste, cruel, intenté à Milady ?

Un infâme seul ou un mari jaloux.

Car, à notre époque, et quand il n'est plus que Molière au monde peut-être — qui prétende qu'une femme en sait toujours assez

Quand la capacité de son esprit la hausse
A connaître un pourpoint d'avecque un haut de
[chausse...

qui pourrait reprocher à une pauvre femme de chercher à s'instruire, à connaître la cause des choses ?

N'est-on pas heureux de songer, au contraire, qu'en étudiant la botanique, une femme apprend enfin à regarder à l'endroit les feuilles qu'elle n'étudiait jusqu'alors... que de l'autre côté.

Eh ! Messieurs ! — Ce que Molière voulait que connût seulement la femme, a bien aussi ses dangers pour le mari ! — Que de belles ignorantes de son temps, avec leur simple connaissance du pourpoint d'un mari avec le haut-de-chausse d'un amant, ont pu faire évader celui-ci, la nuit, dans un costume décent !

Donc, vive la science ! Elle éclaire. Elle moralise. Elle relève.

Un jour Milord et Milady partirent pour le continent. Le maître de physique, ayant montré ce qu'il savait à son élève, fut généreusement congédié. Et moi, je changeai de profession : Milord me fit l'honneur de me demander d'être son courrier dans mon pays natal, puisque j'en savais à fond la langue, et, je le dis avec fierté, l'argot national.

A peine arrivés à Paris, nous allâmes au Louvre, voir le Musée des sculptures antiques. Il y fait frais toujours, et les gardiens y conservent leurs manteaux même pendant l'été, mais les œuvres d'art s'y montrent sans voiles pendant toutes les saisons. Dans la célèbre salle des Cariatides, à ses deux extrémités et placées l'une vis-à-vis de l'autre, sont deux coupes géantes, deux vasques immenses, en porphyre.

Pendant que Milord admirait une statue qui n'avait guère que les jambes, les bras et la moitié du visage reconstitués par les soins de l'Administration, je vis Milady se diriger vers une des coupes, se baisser, y appliquer la joue, sans doute pour s'assurer de sa froideur et du poli du marbre. Puis ses lèvres s'agitèrent, un frisson d'étonnement sans doute, le marbre étant glacé comme un « Parfait au café ».

Comme elle revenait vers sir James Whitebread, j'aperçus, à l'autre bout de la salle, au bord de l'autre coupe de porphyre, une tête à barbe couleur de caramel naissant, qui se redressait, rayonnante de plaisir. La tête était jeune. Le corps élégant d'un homme dans la force de l'âge la supportait.

Je ne sais pourquoi cette tête me parut ressembler beaucoup à une tête d'artiste vaguement entrevue par moi au troisième des *Thés de cinq heures*, inaugurés par Milady aussitôt après son installation à *Sandwich's Hôtel*, rue de la Paix.

Ce devait être une illusion.

Quelques jours plus tard, Milady, de plus en plus rose et infatigable, bien qu'elle visitât la capitale, des tours de Notre-Dame à l'égout de la rue de Rivoli, pria gentiment Milord de lui faire visiter le Conservatoire des Arts-et-Métiers. Milord grogna. Toutes ces courses mettaient ses restes de muscles et ses os sans énergie dans le plus piteux état. Mais, dans la Babylone moderne, il ne voulait pas quitter sa femme d'une semelle et il était présent à tous les entretiens qu'elle pouvait avoir avec les plus humbles étrangers. Dame, ils pouvaient être des messagers d'amour, ces humbles étrangers !

Les seules promenades que, perdant tout courage, Milord tolérait que Milady fît sans lui, c'étaient les visites aux magasins célèbres. — Mais alors il la faisait escorter par la jolie governess que vous savez.

Mais, trêve de parenthèses.

Enfin, Milady l'emporta, et nous allâmes aux Arts-et-Métiers. Contrairement à son attente, Milord s'intéressa fort aux petites réductions des machines antiques et modernes.

Milady aussi. — Dans la grande salle voûtée qui se trouve immédiatement au pied de l'escalier plongeant de l'entrée, elle alla même jusqu'à tâter de la main et des joues le piédestal des murailles, et, pour en être mieux touchée des deux côtés, évidemment, elle plaça sa tête ravissante dans un des angles. Je la vis sourire, avec un petit frisson d'épaules. Milord se délectait pendant la contemplation des machines en miniature. — Nous allions sortir de la salle quand, ô surprise ! j'aperçus, debout, dans l'angle du mur qui nous faisait face, la tête rutilante, à la barbe de caramel naissant, que je me rappelais parfaitement, à présent, avoir vue à tous les *five o'clock* de Milady.

Un étranger comme nous, pensai-je, et qui, comme nous, visite les monuments de Paris, simple coïncidence.

Autre coïncidence, le lendemain de nos visites dans les sanctuaires de la science, Milady, suivie de la jolie governess, allait toujours acheter quelque frivolité de Paris, dans un des grands magasins où son mari ne l'accompagnait jamais.

Elle y passait un temps considérable ; mais on sait la foule qui remplit ces magasins, la difficulté d'y choisir promptement ce qu'on désire, et les *occasions* qui vous y enchaînent, malgré vous.

Il n'y a pas à voir dans ces heures perdues, au milieu des séductions des grands magasins, la moindre tentative d'émancipation conjugale.

Milord ne peut donc, pour ces motifs, incriminer la conduite de lady Whitebread.

Et puis par quel canal une femme surveillée de si près, constamment, et dont on lit la correspondance, eût-elle pu s'entendre avec quelque audacieux poursuivant et lui donner des rendez-vous ?

Quant à la governess, — je le tiens d'elle-même, — elle restait neutre, ne voulant pas perdre une aussi belle position, et elle attendait toujours, à la porte des grands magasins où entrait seule sa maîtresse, que celle-ci en sortît plus gaie que jamais.

Mais Milord, de plus en plus jaloux, quoique sans raison et sans cause sérieuse, se montrait de plus en plus morose, soupçonneux et bizarre.

Un jour même, il eut l'étrange fantaisie de m'appeler dans son cabinet pour me prier de lui traduire, dans un livre de physique français, un passage intitulé : *De l'acoustique*. Il était question des échos dans ce passage. On en citait de fort curieux en Europe, l'un près de Woodsloch répétant, dix-sept fois le jour et vingt fois la nuit, les syllabes prononcées devant lui. Un autre, dans un palais italien, répétant plus de soixante fois la détonation d'un pistolet.

« A Paris, ajoutait le savant auteur, il existe deux échos, entre autres, qui sont tout à fait remarquables. L'un est situé au musée des Antiques du Louvre, l'autre dans la grande salle des Arts-et-Métiers. Deux personnes, placées fort loin l'une de l'autre, à des endroits bien connus du public parisien, peuvent y causer à voix basse, sans que personne de leur entourage puisse les entendre, et cela grâce à la forme elliptique des voûtes de ces salles. Les endroits où se placent les expérimentateurs se trouvent justement être aux deux foyers des courbes en question... »

— Voilà qui est bien curieux, Milord, dis-je en fermant le livre. Quel dommage que nous n'ayons pas fait l'expérience quand Milady a visité ces deux monuments ! Cela eût diverti Sa Seigneurie.

Milord me tourna le dos avec colère — pourquoi ? je l'ignore — et me donna l'ordre de sortir. J'obéis.

Mais en obéissant, je fis cette réflexion qu'il était bien singulier que le professeur de physique de Milady n'eût pas révélé à son élève les propriétés surprenantes des « Échos parisiens ».

Une quinzaine plus tard, nous étions tous de retour en Angleterre, et une querelle, — dont la « governess » fut témoin, — éclatait un matin entre Milord et Milady, à l'occasion du refus, véritablement offensant, que Milord fit à Milady de laisser pénétrer dans sa galerie un étranger, à barbe couleur de caramel naissant, qui invoquait, pour obtenir cette faveur, l'honneur qu'il avait eu, à Paris, d'être présenté à Milady, pendant l'un de ses « thés de cinq heures ».

Milady, outrée, déclara qu'elle allait se rendre chez sa mère à l'instant. Milord riposta que, si elle faisait un pas vers la porte de sortie, il la mènerait devant les tribunaux pour criminelle conservation faite à l'abri de la science.

Je ne puis m'expliquer ce que Milord entend par ces mots, et je suis prêt à le dire en présence de la magistrature anglaise tout entière.

Mais, comme je l'ai dit en commençant, je suppose que l'affaire n'aura pas de suites, car, hier, Milord est rentré fort tard, en proie au curaçao, au bras d'un gentleman étranger pour qui il a fait préparer un lit. Milord et l'inconnu s'étaient liés, paraît-il, pendant une partie de canotage le jour même et ils sont devenus inséparables.

Cet étranger, qui honore les beaux-arts par ses productions, à ce qu'assure la governess, porte une barbe couleur de caramel naissant. Il est très savant en outre, car, interrogé par Milord, le lendemain de son installation au château, sur la réalité des fameux échos parisiens que l'on sait, il a répondu qu'il en avait fait l'expérience et que c'était une « blague » (il dit blague) inventée par les Français, jaloux de la puissance maritime de l'Angleterre, pour attirer en France les honorables citoyens de la Grande-Bretagne.

Milord, satisfait, a vivement secoué la main de son nouvel hôte.

LA PREMIÈRE DU SALON

Dix heures. — L'exposition entre-bâille ses innombrables portes. Sous la voûte d'honneur, entre les orangers, causent les gardiens et les sergents de ville. Un cantonnier en retard manœuvre sa lance à eau. Le public arrive. Les voitures se succèdent et guillochent le sable de sillons élégants. Un monsieur attend une dame ou une dame attend un monsieur devant la grille.

Entrons.

D'abord, payons au tourniquet. — Le franc tombe *tic, tac, toc,* — *tic, tac, toc,* — *pan!* — muscades humaines, passez! — C'est plus facile à dire qu'à faire. Les dernières crinolines regimbent; les dames font de petites manières : quant aux ventres mâles, c'est de côté, par fragments, qu'ils sont introduits.

Ouf! — nous y voilà.

— Cannes et parapluies au vestiaire ! Monsieur. — Vous les trouverez à la sortie !

— Non ! Laissez-moi ma canne ! Je vous dis que je veux garder ma canne ! Mais lâchez donc ma canne ! — Ah ! maintenant ! Achetons le livret. Ci : Trente sous.

Montons. — Hein ! regardez donc cette jolie jambe là-haut. Oui ; pas mal. Laissez-moi souffler. — Bon, un peintre que je connais ! — Vous voilà, mon cher ? — J'arrive.

— Comment trouvez-vous le salon cette année ?

— Mais je n'ai rien vu ! — Ah ! alors, je vous laisse, à tout à l'heure.

Des toiles, des émaux ornent le vestibule. Je les regarde à peine. Je les examinerai plus tard, à mon aise. Oui, va te faire photographier ! On n'y pense plus au bout d'un instant, car on vient de pénétrer dans le salon — carré — d'honneur — ou officiel.

Éblouissement ! — Stupeur ! — Mais c'est la mer... à voir.

Des groupes stationnaient. Çà et là quelques célébrités de tout sexe.

Des gens se tordent les mains, poliment, et montrent leurs dents gâtées. Un monsieur cherche son crayon. — Il tire son carnet du mauvais côté, une pluie de lettres en tombe, et émaille le parquet ; il ramasse ses papiers parmi lesquels un avertissement des contributions, — vert !

Sur le grand divan circulaire s'étalent, déjà accablés, des curieux et des exposants qui ont fait — en vingt minutes — sept fois le tour des salles.

Les connaissances se saluent. Des êtres que tout faisait croire chevelus, montrent soudain la blancheur éclatante de leurs crânes, et s'inclinent. Les robes frissonnent, les rubans flottent.

Seconde rencontre d'un artiste. — Ah ! c'est vous, mon cher ! — Oui, j'arrive. — Comment trouvez-vous le salon, cette année ? — Je n'ai encore rien vu. — Ah ! alors, je vous laisse ! Nous nous retrouverons. — *A tout à l'heure.*

Je finis. Je me précipite sur un tableau qui montre *Napoléon Ier qui soigne un nègre.*
Je le savoure.
Derrière moi, on dit un mal extrême du gouvernement. Je n'ose me retourner. J'ai l'air d'un amateur de la préfecture faisant la foule devant les tableaux destinés à rappeler les régimes déchus. Je file doucement.

On me touche l'épaule. Plaît-il ? — Auriez-vous la bonté de me dire, Monsieur, ce que représente ce tableau, le n° 301 ?

(Nota : ce tableau représente une mer et des rochers.)

J'ouvre le catalogue, par complaisance.

— N° 301 ? — Portrait de M. Ferry, dis-je.

— Oh ! — on doit s'être trompé alors, Monsieur !

— Je le pense, dis-je sèchement.

— Monsieur, je vous suis obligé.

Le curieux ahuri me quitte, mais j'aperçois quelqu'un là-bas : un voisin. — Fuyons ! —

Hélas! il m'a vu. Trop tard! il s'élance. Il m'atteint. Je suis sa proie.

— Ah! c'est vous, mon bon, eh bien?
— Quoi?
— Eh bien, et le salon, qu'en dites-vous?
— Moi? rien. Je ne l'ai pas encore parcouru. J'arrive. — Alors, je vous laisse. — A tout à l'heure.

Voici une grande dame, toilette de ville, du matin; elle marche, traînant son infortuné cavalier, qui voudrait bien regarder encore un peu la petite Vénus aux écrevisses du coin. — Vains efforts, il faut qu'il accompagne Madame, et Madame va comme le vent. C'est une première, Madame veut être « dans le mouvement », comme toutes les autres. C'est ce soir son jour. — De quoi parlerait-elle, si elle ne parlait peinture.

Elle n'a pu venir au vernissage, la veille, vous comprenez!

L'odeur du vernis frais agace ses nerfs. Mais qu'importe! elle veut être au courant, et tout de suite. — Son lorgnon est braqué sans cesse ici et là, en haut, en bas; quel joli torticolis elle aura obtenu avant une heure!

Passons. Bon! qu'est-ce qu'il y a là-bas ? un horizon de dos s'épaissit devant une toile imperceptible. La foule attire la foule. Suivons le monde. Un petit homme ardent fourre sa tête entre les bras des gens, se glisse, s'insinue, et, comme un chien curieux, arrive à se faufiler au premier rang. On lui donne des coups de genoux. Il s'exclame. On rit. Il est furieux. Une bande de gommeux, petits et gros, fait de l'esprit à haute voix, gesticule, pousse des éclats de rire. On se retourne, d'honnêtes familles de peintres, venues de loin, les regardent avec mépris.

Ces braves gens, qui habitent la campagne, ont des teints bronzés. Le lait antéphélique ne pourrait blanchir la rousseur de leur front et de leur cou. La mère et les demoiselles ont arboré la pauvre grande toilette des jours solennels.

Ils sont venus pour voir de la peinture, tout simplement ; les allures blagueuses des Parisiens que la première du salon attire les froissent et leur font regretter leurs champs, leur petit atelier, les fleurs, leurs basses-cours.

J'examine ces apôtres de l'art; ils sont dépaysés.

Tandis que je rêve à ces existences calmes, on prononce tout haut mon nom avec chaleur. — Le voilà, ce brave Ernest ! Eh bien ! et le salon, qu'est-ce que tu en dis ?

Ce sont des amis, des peintres, des confrères. — Horreur ! Je suis perdu ! ils vont m'entraîner, me faire brûler ce que j'adore et adorer ce que je flanquerais si volontiers par la fenêtre. « Je suis perdu, me dis-je. Comment échapper à leurs rêts ? Courbe-toi, Sicambre ! »

Je réponds timidement :

— J'arrive seulement.

— Ah ? alors, viens avec nous, tu verras l'envoi de *chose*. Quel crétin ! et Galibot ? As-tu vu le tableau de Galibot ? non ? Tu n'as pas vu le tableau de Galibot ! — C'est la plus merveilleuse chose qu'on puisse inventer. Viens donc. — Nous déjeunerons au buffet ensemble.

Hourra !

O mon Dieu ! — Néanmoins j'obéis. — On m'enlace. Je suis pris et, traîné entre deux amis acharnés, je vais admirer le tableau de Galibot.

Il est affreux ! mais, lâche, je murmure à peine ? « Pas mal, un peu fou... »

Et le chœur des amis reprend : « C'est sublime ! Quelle pâte ! un tombereau de pâte ! C'est divin ! tas de bourgeois, regardez-moi ça ! »

Les bourgeois, en effet, regardent. Ils ouvrent des yeux énormes. Je rougis. Les bourgeois, que ma rougeur étonne, me contemplent. Ils se disent entre eux : « Ce doit être l'auteur. » La sueur me coule du front. Quelle honte !

Nous faisons, les amis de Galibot et moi, une course effrénée à travers les salles. Des gens respectables me rencontrent, sourient, s'inquiètent. Je meurs de désespoir.

Enfin, trombe bruyante, nous déferlons dans le jardin au milieu des paisibles statues.

Là, nouveaux cris, nouvelles critiques violentes, calembours et bravos forcenés.

Nous troublons les groupes. Nous dérangeons les fumeurs anéantis sur les bancs. On n'entend que nous, on ne voit que nous.

Je voudrais être assis à l'ombre des forêts, comme dit Phèdre, ou, tout au moins, mort et profondément enterré.

Enfin, sous un prétexte... frivole, je m'esquive... Je m'évade ! — Cela me coûte trois sous. Silence et mystère !

Je file. Sauvé, mon Dieu ! — Me voici de nouveau sous les arbres des Champs-Élysées, au bon soleil ; merci, providence !

Mais quelqu'un me bouscule. Je pousse un cri. — Pardon ! — Tiens, c'est toi ? — — Oui, c'est moi. — Je vais au salon. — J'en sors. — Eh bien ? — Je n'ai rien vu. Je me sauve ; je vais déjeuner. — Reviendras-tu ? — Oui ! — Alors, à tout à l'heure !

L'ART SUR COUCHE

La culture de l'art sur couche et l'élevage des peintres en pâte sont des industries nées à peu près à la même époque que le commerce de l'engraissement des poulets mécaniques.

Ces métiers florissent en ce moment de la façon la plus éclatante.

Ça rapporte beaucoup plus que l'art d'élever ou de placer des lapins. Quant à développer le génie artistique ou le goût moderne, bernique !

Du reste, les entrepreneurs de succès, et partant de ventes, des peintres qu'ils prennent tout petits pour les mettre en coupe raisonnée, se préoccupent bien peu du niveau qu'atteint l'espèce d'art dont ils se font les maraîchers.

Ce qui leur importe, au contraire, c'est que ce niveau ne s'élève pas au-dessus du certain goût moyen, légèrement saupoudré de sentimentalisme et de pornographie, des amateurs bourgeois rapidement enrichis, qui forment leur clientèle et qui sont avides de se payer par mode, par amour-propre, et surtout par envie de spéculation, une petite galerie, maintenant qu'il est reconnu, avec chiffres à l'appui, que les productions de l'art se vendent et se revendent aussi bien et même mieux que le pain.

Les éleveurs de peintres en pâte et les cultivateurs d'art sur couche, ont, comme les médecins de Molière, mis le cœur d'un côté inattendu, et, au lieu de suivre les errements de leurs prédécesseurs, qui se bornaient à l'exploitation pure et simple, mais lente, des artistes, ils ont imaginé de s'en faire les Mécènes, dès l'aurore *commerciale* de leur talent, afin de donner aux productions de ce talent, et cela tout de suite, une valeur intrinsèque rapidement réalisable.

Spéculateurs intelligents qui ont tué les fesse-mathieu, mais qui ne valent pas davantage.

Ils ont imaginé de supprimer les angoisses et les retards forcés des débuts d'autrefois, non point par philanthropie, non point par amour de l'art, mais pour être à même de cueillir dans un bref délai, en primeurs, les fruits de la peinture à l'huile ou à l'eau.

Ayant lu, eux malins, dans les feuilles publiques, que Millet, ou tout autre grand artiste, a pu produire, malgré sa vie rude et précaire, un certain nombre d'œuvres qu'on couvre d'or à présent, ils ont pensé que si, dès la jeunesse, on entourait d'un terreau abondant certains peintres nouveaux qui donnent des espérances, on arriverait à les faire croître, comme des salades, jour et nuit, et qu'on en obtiendrait ainsi, en peu de temps, des produits bien plus nombreux et d'un placement immédiat et fructueux.

En outre, ils ne tiennent pas à récolter spécialement des Millet. Des hommes de moindre envergure, souples, plaisant à la foule, ayant un art joli, parisien, font bien mieux leur affaire.

Aussi les talents locaux qu'ils vont chercher au loin, en Herzégovine, à Naples, chez les Baskirs, que sais-je, sur le premier bruit de leurs succès d'imitateurs des *Petits Maîtres* français, sont-ils ce qui convient surtout à leur genre de spéculation, car ce sont ces gracieux enlumineurs qui font les délices de la bourgeoisie, alors qu'elle se pique d'aimer les arts.

Ils vont donc, aux quatre coins du monde de l'art étranger où l'on singe les artistes à la mode en France, chercher des jeunes peintres ou, pour mieux dire, des pousses qu'ils repiquent dans un terreau abondant, à Paris même.

Rien ne leur est épargné, refusé, à ces cotylédons d'artistes.

Un hôtel dans la plaine Monceaux? Voilà! Un mobilier du temps de Nabuchodonosor? Voici! De l'argent? Ouvrez votre porte-monnaie!

Et les artistes sur couche ayant maison, cheval, voiture, actrice au mois, chef de cuisine à la semaine, tailleur à l'année, sont, en cinq mois, vus partout, invités partout, adoptés partout, cités, remarqués aux premières, remarqués aux dernières, c'est-à-dire aux enterrements, et les « gens du monde », alouettes affolées, se hâtent de se ruer chez le Barnum, qui est le « seul propriétaire » des œuvres du peintre en pâte, afin d'acheter à n'importe quel prix, avant les autres, les moindres croquaillons d'un homme qui a évidemment un talent énorme et commercial, puisqu'il est prôné par toutes les gazettes du *high life*.

Ce n'est pas que ces croquaillons soient sans valeur, surtout les premiers éclos, mais la plus-value que leur donne, d'heure en heure, l'engouement créé et entretenu sans cesse par l'éleveur, est absolument folle, imméritée, destinée à s'écrouler au bout d'un temps très court, quand la mode passera à un autre amuseur de l'œil public.

Mais qu'est-ce que ça peut faire au cultivateur de l'art sur couche ? Il réalise à son heure, lui. Il s'inquiète peu de la fortune future des œuvres de l'artiste qu'il a chauffé comme un fruit de serre. Il s'inquiète moins encore, du moins pendant que le peintre est en sa possession, si le talent surmené, hâtif, de cet homme élève ou rabaisse le niveau de l'art et détruit ou redresse le goût élégamment vulgaire de la foule des enrichis.

Il s'en moque comme de l'honorable Colin-Tampon.

Ce qui lui est utile, ce à quoi il tient la main, et rigoureusement, je vous assure, c'est que la *couche* produise, bon an mal an, une récolte vendable, la plante dût-elle crever.

Il n'y a pas de commandeur de nègres dans une plantation espagnole, qui traite plus rudement ses noirs qu'un éleveur de peintre en pâte ne traite ses esclaves à l'huile.

Point de flânerie, point de femme absorbante, point de maladie.

A ce chevalet ! et plus vite que ça.

Le tout est dit poliment; mais si le ton change, la chanson reste la même.

Je sais des entrepreneurs de culture d'art sur couche qui ont des médecins chargés spécialement de guérir, et dare dare, leur *valeur* humaine si elle vient à s'aliter.

Dame, le malade représente cinquante, cent mille francs *d'avance.* Il n'a pas le droit de quitter la brosse.

Un matin de purgation, mais c'est peut-être, sans le cadre, dix mille francs de peinture perdus !

Debout ou couché, l'infortuné peintre en pâte, lié par des traités, acculé à des fins de mois insensées, paye alors rudement, et sans cesse, le pseudo-succès et le pseudo-bonheur qu'il a voulu goûter, tout jeune, sans attendre, sans souffrir, sans travail, sans recherches.

Il a vendu son âme au diable et, en somme, pour rien, pour une ombre.

Il s'est gâté la main et le cerveau, il est devenu un prestidigitateur du pinceau, un habile, et, malgré lui, puisqu'il faut vendre ou mourir, un triste courtisan de la banalité qui paie.

Il est fichu pour la postérité. Il est vrai de

dire aussi que, après cinq ans de ce régime, il se fiche aussi de la postérité. Mais un jour la vogue l'abandonne, et il s'efface, désespéré, accablé sous toutes les misères qu'il n'a pas eues à l'âge où on les porte joyeusement et solidement, et sans avoir même la suprême consolation de songer à l'approbation de l'avenir.

Le pot-au-feu de la vache enragée ne fournit pas un bouillon bien tonifiant, c'est évident, mais on le digère à trente ans, en travaillant.

Plus tard, et quand il succède à l'*oxtail* ou à la *turtle-soup*, c'est un poison.

Ce poison, c'est la main *généreuse* du cultivateur de l'art sur couche qui le verse le plus abondamment aux peintres.

LA VIBRANTE

Dans un discours prononcé à la Sorbonne, un de nos derniers présidents du Conseil a parlé un moment de la nature émue et *vibrante*.

Le mot m'a rappelé qu'il s'est formé à Paris un groupe de jeunes *beaux artistes* indépendants, qui ont précisément pris pour vocable l'adjectif en question.

L'école de la *Vibrante* existe !

On a eu les réalistes, les *réélistes*, les naturalistes, les impressionnistes, les *tachistes*, les *intentionnistes*, dès à présent il faut compter avec les *Vibrants*.

Tous à l'aurore de la palette, tous gais, enthousiastes, tous menaçant de la brosse les têtes immortelles de l'hydre de l'académisme, ils l'assaillent des décharges répétées de leurs tubes multicolores.

Pour le moment, ils sont débordants de joie et de folie gouailleuse, et s'avancent dans les sentiers les moins frayés, avec la désinvolture et le superbe mépris du qu'en dira-t-on des audacieux de 1830, à la recherche de l'idéal.

Cela ne va pas, d'ailleurs, sans une certaine violence excentrique dans l'affirmation de leurs principes, et ils émaillent leur route de plaisanteries qui ont ce bon côté de les maintenir de joyeuse humeur au milieu des difficultés et des soucis de la vie.

Présentement, la *Vibrante* a élu domicile sur la lisière de la forêt de Fontainebleau. Au-dessus de la porte d'une maison qu'ils ont meublée de chevalets et de quelques-uns des autres accessoires de l'existence, y compris des matelas, on lit, inscrit en caractères vibrants : HOTEL DE LA VIBRANTE !

Malheur au voyageur naïf qui, sur l'enseigne, y vient demander à loger à pied ou à cheval !

Malheur au touriste qui, l'infâme tuyau de poêle sur le crâne, promène ses rêveries à travers les sites où la *Vibrante pince le motif!*

La *Vibrante*, avec la plus exquise politesse d'ailleurs, se manifeste tout à coup, devant lui, sous les apparences de gaillards vêtus avec une extrême simplicité, coiffés de chapeaux de paille rongés, pour un motif que nous dirons tout à l'heure, et l'ordre lui est intimé de rebrousser sentiers.

Une pantomime de la plus haute noblesse accompagne et souligne l'avis de ne pas avoir à déranger la *Vibrante*, à l'heure où la forêt tressaille devant elle !

On ne saurait trop approuver, du reste, l'ostracisme — *pétalisme* serait peut-être plus à sa place dans une forêt — dont sont frappés les gens à tuyaux de poêle errant sous les ombrages de Fontainebleau.

Je me rappelle, à ce propos, un grave et doux peintre de portraits, aujourd'hui au ciel, qui a gâté pendant bien longtemps les chênes et les genévriers de la forêt en s'y montrant, de l'aube au crépuscule, tel un faune ridicule, toujours en redingote et toujours en chapeau noir. On finissait par ne plus voir que ce spectacle noir de la vie civilisée dans les paysages les plus exquis, et il y faisait une tache.

Il s'appelait Philippe.

Il a peint le portrait d'Alphonse Lemerre, riche éditeur.

La *Vibrante* veille au salut du pittoresque des sites et à l'intégrité du rustique dans le décor.

D'ailleurs on travaille beaucoup dans la *Vibrante*, et, si elle crée pas mal de farces, elle produit aussi un grand nombre d'esquisses, et il y en a de bien jolies.

Un trait suprême caractérisera ses tendances : les bagages de la *Vibrante* sont portés quotidiennement par un âne, un âne bienveillant et magnifique qui sert de jury quand il s'agit d'examiner les mérites d'un postulant au titre de membre de la *Vibrante*.

Et voici comment : — Le postulant présente son chapeau de paille (rien de l'Italie) à l'âne de la compagnie, et si l'âne daigne en brouter les bords d'une dent indulgente, le postulant est déclaré digne de prendre rang parmi la *Vibrante*.

Maintenant, savez-vous comment s'appelle cet âne? Non. Eh bien, il s'appelle : *Prix de Rome*.

Il faut bien rire. Qui disait donc que la jeunesse était morte? Elle est si peu morte qu'on peut dire, avec plaisir, comme la duègne de *Ruy-Blas :*

La jeunesse est gaie aujourd'hui !

LES FLOTTES DU CIEL

A Houblonkerque, un des vieux ports historiques de la Manche, la vie et la gaieté sont concentrées dans les bassins et sur les quais qui les encadrent. Il y a là, aux marées, un pittoresque va-et-vient de bâtiments et de matelots qui fait oublier les heures si lentes à s'écouler dans tout le reste de la ville.

Ce reste de la ville est en effet sans joie aucune. Dans les rues sombres, désertes, aux maisons sans verdure, on ne rencontre que les faces rasées des autorités quelconques, qui marchent à pas nobles, enveloppées d'une atmosphère de dignité glaciale.

Dans ce reste de la ville, chaque fois que

j'y ai séjourné, jadis, j'ai constaté que les habitants n'avaient que deux sortes de distractions. Le jour, ils passaient et repassaient vingt fois devant la boutique d'un marchand d'*ex-voto* situé sur la grand'place, et le soir, changeant de lieu de réunion et de délices, ils se promenaient devant la vitrine d'un bazar, à l'instar de Paris, où trônait une superbe poupée aux regards effrontés.

Les tableaux de navire en détresse sur le pont desquels un capitaine à genoux prie ardemment le ciel, chez le marchand d'*ex-voto*, et la poupée aux airs provoquants du bazar parisien, c'étaient là les seuls plaisirs des flâneurs de Houblonkerque.

Ma parole, je n'invente rien. Le soir, les autorités rasées qui avaient stationné toute la journée devant les petits vaisseaux destinés à être suspendus aux voûtes des églises, se retrouvaient, le soir, jusqu'à dix heures, stationnant devant la poupée aux allures de cocotte parisienne de la grande rue.

Entre nous, je crois que la poupée avait encore plus d'amoureux parmi les ennuyés de Houblonkerque, que les produits du marchand d'*ex-voto*.

Et pourtant il était florissant au suprême degré, le commerce des constructions de la marine céleste !

Sa boutique était un port en miniature, silencieux, bien qu'il fût rempli de vaisseaux sans nombre, tout prêts à déraper au premier signal.

Des flottilles de navires accrochés au plafond par leur grand mât, semblaient des *Armadas* aériennes cinglant vers une Angleterre chimérique.

Quant aux tableaux de marine — tous représentant des tempêtes — qui garnissaient les murs de la boutique, au-dessus des navires lilliputiens, ils étaient innombrables. Sur tous les ponts de ces navires, comme je l'ai dit, on voyait uniformément un capitaine en grande tenue, frais comme une fleur, qui, à genoux, les mains jointes, regardait un long *vermicelle* rouge (il paraît que c'étaient des éclairs) en train de fracasser le mât de son bâtiment.

Si le vermicelle électrique était d'un bel

écarlate, en revanche la mer avait l'air de rouler des flots d'une oseille courroucée, tant elle était verte !

Cet été, je suis retourné à Houblonkerque, après plusieurs années d'absence.

J'ai couru à la grand'place. J'avais soif de voir le vermicelle se tordre au-dessus de la mer oxalique.

Plus de marchand d'*ex-voto !*

Il avait cessé son commerce et nul successeur ne lui était né.

La marine céleste ne va plus !

A notre époque d'incrédulité et de cloisons étanches, de libre examen et de ceintures de sauvetage, les capitaines n'achètent plus d'*ex-voto* au retour de leur traversée.

Signes des temps !

La foi s'en va, à bord des petits vaisseaux célestes, toutes voiles dehors !

Mais la poupée de la grand'rue va toujours bien.

On voit qu'elle a beaucoup vécu, par exemple ! Elle n'est plus à la mode de Paris. Mais elle est encore à la mode de Houblonkerque.

Et le soir, la marine céleste ayant pour toujours fermé ses docks, les autorités rasées de la ville n'ont d'autre plaisir que d'aller faire leur cour à la poupée vieillie du bazar parisien.

Tout passe, tout lasse, tout casse, excepté, à Houblonkerque, l'adoration perpétuelle de la dame au ventre de son, qui porte encore la crinoline de 1859 !

L'ANGE DE LA GARE

Est-ce l'effet du printemps ?

Depuis quelques jours, la gare a pris une physionomie presque charmante. Le chef de gare a perdu sa mine refrognée. Que dis-je un sourire gracieux illumine de temps à autre sa bonne tête rougeaude, glabre, ordinairement morne. Le sous-chef risque un jeu de mots. Son supérieur l'accueille sans colère ; il le savoure même. — Que veut dire ceci ? C'est à faire sauter de surprise les rails sur leurs traverses.

Les simples employés n'ont plus l'air de rêver à des accidents, suivis de « contusions sans aucune espèce de gravité ».

Et les abonnés de la ligne, donc !

Ils semblent pleins de joie. Ils s'abordent, aux trains du soir, avec des saluts fantastiquement gais. Leurs folles exclamations font retentir les échos de la salle vitrée. Je parle de la partie mâle, civile ou militaire. Quant aux dames, leur front n'a point changé d'expression. L'*influenza* générale ne paraît pas avoir eu de prise sur elles.

Pour les messieurs, côté des gens mûrs, la métamorphose est très visible. Les officiers mêmes, dans leurs habits bourgeois, tempèrent leur raideur par une certaine souplesse. Ils sourient en polissant les noires antennes de leur moustache d'ordonnance.

Par Papin ! Cela est bien particulier. D'où vient cet aimable changement à vue? Encore une fois, est-ce l'effet du printemps? eh ! non !

C'est *l'ange de la gare !*... Lui seul, ramené il est vrai, par les beaux jours, cause le doux émoi que témoignent la gare, le chef d'icelle, le sous-préfet, les abonnés, militaires ou civils.

Son adorable présence au guichet sème

un tendre enjouement dans tous les cœurs, la vue de l'ange de la gare éveille de chères pensées endormies.

Elle fait oublier, à ceux-ci les tracas du jour, à ceux-là que leur ménage attend, elle fait respirer comme un parfum réconfortant et suave.

Mais quel est donc cet ange? dites, oh! vite, dites-le!

Ah! voilà. Vous êtes trop curieux. Vous voudriez savoir tout de suite le mot de l'énigme, n'est-ce pas ? Oh ! impatients, mais laissez-moi donc reprendre haleine. Je viens de monter l'escalier rapidement. Je ne puis plus respirer. Ouf !

L'ange de la gare, tenez, le voilà! on vient de lever la herse du guichet. La distribution des tickets commence. Regardez, voyez-vous, encadrée dans la baie du guichet enfin ouvert, cette tête de jeune fille aux longs yeux noirs, aux cheveux magnifiques?

Eh bien! Monsieur, c'est la délicate figure de l'ange de la gare qui vient de nous apparaître. — Saluez!

L'ange de la gare, c'est cette enfant frêle

qui manœuvre d'une main habile et potelée la mécanique à timbrer des billets : — tic, tic, tic, tac !

On la dévore du regard. Tout le monde, montrant un bout de gencives, grimace avec béatitude, en contemplant, de loin ou de près, son visage moelleusement estompé dans la pénombre du bureau.

Tout le monde, vous dis-je, est ravi. Le surveillant lui-même, qui tout à l'heure s'accoudait mélancoliquement sur la planchette du guichet, exprime, par le mouvement joyeux de ses prunelles, qu'il est satisfait à son tour.

L'ange de la gare, sous l'œil de sa mère impassible, donne à chacun, gravement, son billet quotidien.

Parfois, le velours de ses cils est traversé d'un rapide éclair, et sa voix rieuse souhaite le bonjour à un habitué, qui, rouge de bonheur, balbutie, ramasse gauchement sa monnaie et se fait bousculer par les voyageurs, — des hérétiques ! — que la grâce de l'ange n'attendrit point, point du tout.

Ils sont rares ceux-là que la fée du guichet

ne charme pas instantanément, et pour toujours !

Nombreux, au contraire, sont ceux (magistrats, colonels, notaires, professeurs, lieutenants, employés, étudiants, artistes) dont le cœur ressemble à une pelote résignée où l'ange de la gare plante soir et matin l'épingle de ses œillades.

Le chef de la gare sourit, n'est-ce pas tout dire ?

L'ange de la gare a cent cinquante amoureux discrets, c'est connu ; ils souffrent, tant pis ! La fillette aux yeux noirs n'en distingue aucun parmi la foule. Elle pense aux mariages des contes de fée. Les rois aujourd'hui épousent rarement des bergères, mais ils circulent souvent dans les salles d'attente. On peut les rencontrer. L'ange de la gare saura les fasciner, les dompter, les enchaîner.

« L'ange de la gare est une fleur, mais, hélas ! c'est la fleur du mancenillier d'amour : on ne peut la voir sans en mourir ! »

C'est l'avis du plus timide et du plus ardent en même temps des hommes d'un certain âge qui se pâment tous les jours devant la coquette enfant.

Cet homme d'un certain âge, le voici lui-même. Je vous le signale : — grand, gros, rose, avec un collier de favoris blancs soignés. Jaquette bleue, pantalon gris perle, gilet blanc abondant. Il est décoré ? parbleu ! une jolie chaîne d'or étale sur son sein ses anneaux multipliés. Il est ganté juste, chaussé juste, avec un chapeau d'un neuf éblouissant. Beau linge, toile exquise, jonc à pomme d'or. Signes particuliers : ses souliers craquent et ses gants sont de couleur très claire.

Tel, au train de cinq heures... se manifeste le plus chaste des soupirants de l'ange de la gare !

Il n'a point pris d'abonnement annuel afin d'avoir la joie violente de se faire décerner, le soir, son billet au bureau.

C'est en frémissant qu'il se met à la queue des voyageurs. A mesure que la distance qui le sépare de l'ange diminue, son teint rose pâlit, et son gilet abondant ondule comme les flots d'un golfe inquiet. Enfin, il arrive au guichet, ce vasistas du paradis ! — Il salue, on sourit. O bonheur, on sourit ! — Il tend une pièce d'or (tous les soirs une pièce d'or, c'est plus long à changer), et, en attendant la monnaie de son louis, il déguste les charmes cruellement parfaits de l'élue de son gros et vieux cœur d'homme à jamais marié ! Il soupire, poétique comme un phoque, et ramasse lentement sur la plaque de cuivre du guichet l'argent et le billon qu'une main délicate pousse de son côté, avec dédain.

Puis il s'éloigne, à regret, triste... l'œil humide.

Quelquefois, — ô délices ! — il a la chance de voir un ami arriver en retard ; se précipiter sur cet ami, le supplier de lui laisser prendre son billet, est pour le gros amoureux l'affaire d'une seconde. Si l'ami consent à ses désirs, — ce qui ne rate jamais, cela se conçoit du reste, — le phoque élégant va se remettre à la queue avec transports ! ô ivresse ! Il va revoir l'ange de la gare, lui parler de nouveau, peut-être serrer le bout de ses doigts !... oh ! non, c'est trop de bonheur ! il est trop payé de sa peine ! il a envie de remercier à deux genoux l'ami qui lui a procuré cette joie inattendue.

Pauvre gros, en jaquette bleue, en pantalon gris perle !

Et dire que sa femme l'attend ! — entourée de soupçons !

Ange de la gare, ayez pitié de lui ! ayez pitié de nous, ange de la gare !

LES ET CÆTERA

Les personnes ou les choses vaguement désignées, comme en manière d'acquit, par des *et cætera, et cætera,* placés à la suite d'une énumération de choses ou de personnes, mériteraient, dans la plupart des cas, de remplacer les personnes ou les choses citées en première ligne.

Ce n'est pas d'aujourd'hui que l'importance de *et cætera* l'emporte, fréquemment, sur ce qui est mis nominativement au premier rang.

Nous en pourrions donner des preuves historiques.

Dans la diplomatie, par exemple, et ce

sera notre seul exemple de ce genre, les ommissions de clauses ou de titres n'ont jamais été regardées comme réparées par l'adjonction des *et cætera,* bien que les *et cætera* ne soient pas employés dans un autre but.

Au XVIIe siècle, une guerre ruineuse entre la Suède et l'électorat de Cologne n'eut pas d'autre point de départ que l'oubli de divers *et cætera* dans des rapports diplomatiques.

Et, sous le roi Soleil, que de grands seigneurs ont pris la mouche après avoir vu leurs innombrables qualifications dédaigneusement comprises, par ordre royal, sous la rubrique *et cætera !*

Aujourd'hui, presque toujours, comme dans les monarchies de l'apiculture, ce sont les *et cætera* qui devraient être nommés en toutes lettres, attendu que ce sont ces *et cætera* là qui font la besogne, ont l'influence, l'énergie, la valeur réelle (côté des hommes), ou bien qui ont la véritable beauté, le charme, l'élégance, la vertu (côté des femmes).

Dans une ruche, ce sont les reines et les bourdons qui sont nommés, dont on parle; mais ce sont les abeilles, ces *et cœtera* à ailes, qui font tout le miel.

Mais une réforme est imminente, et les *etc.*, peu à peu, détrônent ceux qu'on citait.

Une preuve du progrès social, c'est que dans les expositions industrielles, les *et cœtera*, c'est-à-dire les ouvriers, commencent à marcher de pair, pour les récompenses, avec les patrons dont tout le mérite, souvent, consiste à avoir des capitaux.

A côté des chefs d'industrie, on cite à présent les chefs d'ateliers et leurs ouvriers spéciaux, modestes, mais réels et ingénieux collaborateurs manuels.

Les intelligences méconnues ou passées sous silence pendant si longtemps, pendant que les rois fainéants de l'industrie et du commerce recevaient l'éloge de la presse et les distinctions publiques, prennent enfin leur rang, en tête des listes que dresse l'approbation officielle ou privée.

Les *chevilles ouvrières* sortent enfin des *et*

cætera, grâce au bon sens des foules que renouvelle l'instruction.

Mais que d'*et cætera*, dans la série humaine, voilent encore les plus aptes, les mieux doués, les plus sérieux, les plus beaux, les plus importants parmi les êtres, enfin les plus dignes de figurer en nom dans les énumérations !

On cite des généraux victorieux, mais on désigne par des *et cætera* les officiers qui, à un moment donné, ont le plus contribué au gain de la bataille, et que d'*et cætera* tués qui valaient mieux que les morts cités !

Le lendemain d'une *première*, lisez l'énumération des assistants à la représentation, et soyez certain que les spectateurs qui ont jugé le mieux et le plus impartialement l'œuvre nouvelle, que les plus jolies femmes de l'auditoire, sont ceux et celles que les reporters ne nomment pas, et qu'ils désignent par *etc.*, *etc.*

Ceux qui, derrière un convoi, pleurent sincèrement, rappellent entre eux les excellentes qualités du défunt, font à sa dépouille un cortège véritablement plein de cœur et contribueront le plus à sa gloire posthume, ce sont justement ceux qui dans les comptes rendus figureront parmi les *et cætera*.

Dans le journalisme, quand paraît une feuille nouvelle, on lit partout, sur des affiches énormes, les noms de collaborateurs illustres qui doivent faire sa fortune : ces noms imposants sont suivis de modestes etc., etc., etc.

Mais ce sont les *etc.* qui font le journal de la première page à la dernière, au bout d'un mois, et le journal ne s'en porte pas plus mal.

En art, en lettres, en sciences, comme d'ailleurs dans l'agronomie ou dans le commerce des modes, presque toujours, les ETC. ont une valeur originale et durable, une spécialité modeste, mais sans banalité.

Si le fils du charpentier (qui était lui-même, pour les pharisiens, parmi les autres agitateurs de son temps, un *et cætera*) revenait au monde, il dirait sans doute encore, mais avec une variante nécessitée par l'époque et la force des choses :

— Les premiers seront les *et cœtera* et les *et cœtera* seront les premiers.

VACANCES DE PAQUES

C'est *maman Cécile,* comme dirait ma fille, oui, c'est maman Cécile en personne qui parle en cet aimable récit.

Je ne suis ici qu'un humble auditeur, répétant avec une grande fidélité de mémoire la narration entendue un jour, et espérant lui avoir conservé, à peu près intactes, sa douce originalité et sa saveur fine.

J'ai gardé dans mes souvenirs comme un des plus doux le souvenir de l'angoisse enjouée qui s'emparait de tout mon cœur, le matin du samedi saint, chaque année, quand j'étais petite fille.

Et à présent, femme d'un âge... convenable, c'est toujours avec une émotion exquise que je me rappelle cette époque, tous les ans, la veille de la grande fête chrétienne.

Car ce matin-là amenait avec lui l'aurore des *vacances de Pâques*, ces délicieuses et premières vacances un peu longues, après la rentrée, ces chères vacances pendant lesquelles on avait l'assurance de quelques divines nuits à dormir sans souci, — et sans leçons ni *reprises* sur l'oreiller douillet d'un lit de famille.

On a supprimé les prix de Pâques dans les collèges depuis trois ans. J'ignore si on a fait de même pour les pensions de filles; mais je sais que les vacances, un peu raccourcies peut-être, ont toujours lieu.

Et j'y songe aujourd'hui, à ces vacances qu'on ne nous ménageait pas à ma pension, — car c'était tout bénéfice pour la directrice, — en recevant l'avis de l'arrivée prochaine de mes petites-nièces.

Oh! le samedi saint, dès l'aube, quel gazouillement confus dans tout notre dortoir où le jour entrait avec l'odeur du jardin reverdissant, par la fenêtre entre-bâillée!

Je me revois, assise sur mon séant, dans mon petit lit de fer, avec mes courtes nattes ébouriffées par les fièvres d'une nuit d'attente et de rêves de liberté.

Mon premier regard tombait affectueusement sur ma boîte à chapeau, — symbole de départ, — qui m'attendait au pied de mon lit, remplie de linge blanc pour huit jours!

Huit jours!

Huit jours de fantaisies et de charmantes promenades, de caresses maternelles et de plaisirs de toute sorte, à commencer par le théâtre Séraphin, avec son amusante tragédie du Pont-Cassé et ses canards habiles qui la passaient toujours si bien, la rivière!

Le dortoir n'était que sourires et babillages.

On se livrait à une toilette complète, avec les robes de sortie et la pommade des grands jours.

Et, bons petits cœurs, on suppliait mademoiselle Élinda, la sous-maîtresse, ou mère Manguet — cette terrible mère Manguet qui signalait toujours des *clairs* dans nos *reprises* perdues — d'intercéder auprès de madame Archibault (tel était le nom de la directrice de notre pensionnat) pour que les *privées* de vacances fussent pardonnées.

Car elles pleuraient bien amèrement, allez, celles de nos compagnes qui, en se réveillant, ne trouvaient pas au pied de leur lit leur carton à chapeau bourré de huit jours de linge !

Cela gâtait un peu notre bonheur.

Ne pas avoir de vacances de Pâques, quelle punition pouvait être plus horrible !

Et c'est parce que — dans le cours de la vie — la femme raconte ceci et la plupart des femmes, en lutte avec les lois et les mœurs masculines, n'ont pas eu beaucoup de... vacances de Pâques, que je songe, aujourd'hui, avec une mélancolie souriante, aux vacances que j'ai goûtées jadis et qui m'étaient si précieuses.

Après le lever, on allait à l'église d'un village voisin. Notre pensionnat était situé aux environs de Paris.

Après l'accomplissement des devoirs religieux, on revenait déjeuner. On travaillait peu, même au piano, l'après-midi. Car, des classes, on entendait les coups de sabot des chevaux des quatre omnibus qui devaient nous emporter à Paris et partaient à quatre heures.

Gentils chevaux, charmants omnibus !

Pendant que les chevaux tapaient du fer sur le pavé pointu de la ruelle où ils stationnaient en attendant l'heure solennelle de l'ouverture de notre cage, nous bavardions, du consentement tacite des sous-maîtresses, qui, elles aussi, allaient prendre leur volée et semblaient redevenir jeunes filles en pensant aux heures de la huitaine de liberté.

Tout à coup, dominant nos joyeux murmures, dominant les piaffements des aimables coursiers en faction à notre porte, voilà qu'on entendait le grincement et le claquement continu des crécelles.

Pendant que les cloches, comme on dit, allaient à Rome et en revenaient, pendant qu'elles se réinstallaient dans les clochers, au grand ennui des chauves-souris, il était d'usage, dans notre campagne, d'annoncer les offices à grand renfort de crécelles mises en mouvement, — avec bonheur, du reste,

— par les enfants de chœur de la paroisse.

Or, l'après-midi du samedi saint, tous les ans, le bruit lointain des aigres crécelles se faisait entendre autour de notre pension.

J'en ai, en ce moment, les oreilles percées comme si je les entendais encore.

Puis le bruit se rapprochait.

Et nous savions alors que nous allions recevoir la visite des enfants de chœur de notre église.

Visite qui précédait de quelques instants le signal de notre propre départ.

Alors, campo étant donné, chacune de nous allait se munir de son célèbre carton à chapeau et des paquets qu'elle devait emporter, et on se rendait, en courant, dans la cour de la récréation.

Toutes, secouant nos chignons naissants qui émergeaient à peine du bavolet gigantesque de nos chapeaux d'uniforme, — des chapeaux de castor inexprimables, — ou faisant onduler sur notre pèlerine des nattes plates garnies d'un nœud de velours, nous nous précipitions au-devant des enfants de chœur.

Ils étaient là, rangés en bataille, les uns arborant des bannières, ceux-ci portant des corbeilles pleines d'œufs rouges, ceux-là tournant frénétiquement leurs crécelles.

Et ils chantaient ce chœur :

> Alleluia !
> Du fond du cœur !
> N'oubliez pas
> Les enfants de chœur !
> Un jour viendra :
> Dieu vous le rendra !
> Alleluia !

Pendant qu'ils chantaient, nous regardions avec d'amères critiques ces petits garçons tout de rouge et de blanc vêtus, qui ne prenaient pas soin de dérober aux regards le bas crotté de leur pantalon de gamin.

Des anges par la tête et par les pieds des diables !

On leur donnait des sous. Ils nous distribuaient des œufs rouges. Et ceux que la terrible mère Manguet ne nous prenait pas, — pour les mettre de côté ! disait-elle, — nous les dévorions, soit sur place, soit dans les omnibus, où l'on nous empilait les unes sur les autres avec nos bagages.

Mais, même réduites à l'état de sardines dans ces boîtes roulantes, nous étions loin de nous plaindre, et, à genoux sur les coussins, chaque élève ayant sa *petite mère* à côté d'elle, on regardait défiler les vieilles maisons, les arbres, les ânes, les cantonniers, les facteurs, sur la route au bout de laquelle — très loin, très loin, — dans une vapeur lilas, se dressaient les deux tours bleues de Notre-Dame, — au-dessus du Paris de nos rêves.

L'AMIE DE DÉDÉ

Dédé est un de ces gros bonshommes d'animaux exotiques, pas très jolis, certes, mais inoffensifs et comiquement velus, à qui la nature semble avoir donné le rôle bizarre de venir faire, à trois mille lieues de leur pays natal, dans les Jardins des Plantes d'ici-bas, le bonheur parfait des enfants et la consolation de vieilles gens désabusés.

Dédé, le bon Dédé, c'est ainsi qu'on l'appelle, est un *Cabiai*, le plus grand des rongeurs connus, une espèce de rat monumental, sans queue, avec un soupçon d'oreilles, qui, amené de l'Amérique du Sud dans la ménagerie de M. Geoffroy Saint-Hilaire, il y a six ans, y donne le touchant spectacle d'une amitié, tous les jours grandissante, à l'égard d'une respectable dame, dont il est la seule joie.

Du reste, pour cette respectable visiteuse, une abonnée immuable de l'établissement, les bêtes du jardin ont remplacé la famille qui n'est plus. Les sources d'affection de son cœur devenu solitaire ne se sont pas taries. Elles coulent toujours, vives et fraîches. Seulement, c'est à l'intention des doux et confiants herbivores de la ménagerie qu'elle continue de se répandre en attentions ingénieuses, en aimables preuves de tendresse.

Elle n'a plus de parents; mais elle s'est créé une famille nouvelle avec les bêtes. *Marguerite*, la grande girafe, est sa cousine, *Caro*, le timide porc-épic, est son beau-frère, le *Ratel*, aux culbutes sans arrêt, est son oncle.

Elle m'en a fait l'aveu.

— Il faut bien avoir à aimer quelqu'un dans la vie, dit-elle.

Mais c'est Dédé, le bon Dédé, qui est son chéri, son *bénoni*, son ami sans défaut, son enfant de prédilection.

— Monsieur, me disait la bonne dame, je fais tout pour lui être agréable. La nuit, je me demande s'il dort bien dans sa petite maison de roches. Le matin, je vais dans le bois avant de venir lui dire bonjour, et je ramasse des baies, des glands, (il les adore!) de l'herbe fine, bien lisse, bien verte. Il n'aime pas celle que l'administration fait pousser dans son enclos. On ne consulte pas assez le goût de Dédé à l'époque des semailles. Et puis, j'ajoute du sucre, — il ferait des folies pour du sucre, Monsieur, — et quelquefois du raisin ou des pommes tombées. Car il déteste les pommes fraîches. Et, quand on y réfléchit, c'est bien naturel. Quand il était dans son pays, il ne montait pas dans les arbres pour en avoir les fruits, il ne les goûtait que tombés, un peu gâtés. Je sais ce qu'il préfère, et je lui apporte ce qui peut le mieux lui faire oublier la captivité.

— Il est bien heureux, votre Dédé !

— Oui, mais il est si reconnaissant. Les visiteurs (je déteste ces gens-là) ne lui trouvent aucune qualité. Mais que peuvent constater des visiteurs attirés ici, pendant une heure, pour voir de vilains sauvages !

— Alors, vous croyez, Madame, que votre Dédé...

— Dédé, il me flaire, il me reconnaît de loin. Il dormirait comme un loir, qu'il se réveillerait au seul son de ma voix, en l'entendant m'appeler.

Et c'est la vérité. Elle appelle Dédé, et Dédé, tendre et comique, accourt à petits sauts, se dresse sur ses pieds palmés de derrière, et vient lécher avec délices la main tremblante de joie de sa vieille amie. Dédé se fiche des autres visiteurs comme de Colin-Tampon. Il prend, avec prudence, le morceau de pain ou le gâteau qu'on lui présente. Mais il retourne bien vite à son amie, et c'est avec enthousiasme qu'il sollicite du museau l'ouverture du cabas aux provisions.

Hâtons-nous de dire, pour rendre hommage au cœur obstinément, mais profondément touché de Dédé, qu'il aime aussi et beaucoup son gardien, cet homme à barbe qui, trois fois par jour, fait pleuvoir sur sa tête une grêle de carottes.

— Mais il m'aime encore plus ! s'écrie la

bonne femme avec un sourire d'orgueil mouillé de larmes. Moi, d'abord, je suis là toute la journée, je lui parle et je le défends !

— Quoi, on attaquerait ce paisible...

— Oui, mais on ne l'insulte pas impunément devant moi... — Cela est rare, du reste. J'ai soin de proclamer bien vite ses bonnes qualités cachées et tout le monde l'aime tout de suite. On le caresse. Mais point de grâce pour ceux qui le molestent !

— Très bien, Madame, bravo !

— Oui, Monsieur. Un jour, une belle dame, tout ce qu'il y a de plus riche, lui a craché sur la tête en disant : « Oh ! le vilain. Hou ! »
— Alors, j'ai perdu tout mon sang-froid et j'ai riposté, avec un mépris glacial : « Madame, il faut être privée de raison ou bien prise de vin pour cracher sur Dédé ! » Elle n'a pas demandé son reste, allez !

Vous voilà prévenus, lecteurs : quand vous irez voir Dédé, chapeau bas — et du sucre !

A LA VIEILLE ANGLETERRE

Vous n'avez pas conquis l'Égypte, ma chère Britannia. La Licorne n'a pas percé le Dromadaire et le Crocodile a mangé le Léopard.

Voilà qui va des mieux.

- Il ne vous reste plus qu'à mettre en bouteilles le Nil et le Canal et à nous en vendre les eaux très cher.

C'est un but que vous visiez depuis bien longtemps. Vous l'avez enfin atteint.

God save the Queen!

Ce grand résultat acquis, je pense que vous aurez à présent assez de loisir, ma chère Britannia, pour vous occuper un peu de la façon dont les industriels, nés sur les bords de la Tamise et bercés dans votre giron, donnent, à Paris, c'est-à-dire au monde qui fait de Paris son caravansérail intellectuel et artistique, une idée de votre goût et de vos beaux-arts.

Il est de ces braves gens qui vous compromettent innocemment, de la plus révoltante manière, aux yeux de l'univers civilisé, de passage à Paris, par des exhibitions de réclames peintes qui semblent des œuvres de fous.

Certes, je respecte la liberté du commerce et, jusqu'à un certain point, la liberté de l'annonce; encore que les remèdes secrets, avec détails, me paraissent intolérables; mais cette liberté de l'annonce doit avoir des limites, à la fin !

Quand la liberté de tous est lésée, disent les *Droits de l'homme,* la liberté de chacun cesse.

A Paris, ville d'art et d'élégance, l'œil public est assassiné depuis trop longtemps par la promenade incessante de monstruosités sanguinolentes, informes, dont la rencontre met en fureur jusqu'aux chevaux les plus conciliants.

L'œil public admet l'annonce sur les murs, l'annonce dans les journaux, l'annonce par affiches, bien que les affiches gigantesques, hors de proportions avec les monuments et les maisons qui les entourent, soient des crimes de lèse-perspective et de bon goût, que la douceur du caractère français peut seule supporter.

Et encore, la plupart des affiches-réclames sont-elles à présent de véritables œuvres d'art, dessinées à ravir, d'une agréable fantaisie et d'une coloration harmonieusement hardie.

Les affiches de Chéret, entre autres, sont d'amusantes pochades, qui égayent le regard, voilent de tristes murs, bariolent utilement des coins noirs, dissimulent des endroits nécessaires, mais répugnants.

Mais les voitures de je ne sais quelle maison de commerce de votre pays, ô ma chère Britannia, ces voitures énormes qui ne sont ni rondes, ni carrées, ni ovales, ni pointues, qui ont l'air de vieilles carcasses de homard trouvées sur un tas d'ordures et munies de roulettes, carcasses d'un rouge affreux, effrayant bêtes et gens, *chourinant* le bon goût et toutes les notions d'art et de grâce des Parisiens, ces voitures-là donnent de votre civilisation et de votre intelligence, ô Britannia ! une bien triste idée.

Traînées par une rosse apocalyptique, dont on ne voit heureusement que la pauvre tête, conduites par un cocher également apocalyptique, dont la tête se voit trop, ces voitures, isolées ou à la file, sont des assassins de l'œil public, je le répète, et, dans un pays où l'art régnerait en maître pendant dix minutes, elles seraient consignées à l'instant sous la remise avec tous les égards dus à leur aspect horrible, au nom du respect du goût général.

On a interdit à des chameaux, qui sont des animaux inoffensifs et pittoresques, le droit de promener je ne sais quelle réclame dans la rue, sous prétexte qu'ils causeraient des accidents.

Les voitures, couleur *sang de meurtre*,

dont je parle, font sur le système nerveux d'un peuple, très artiste en somme, des impressions bien autrement dangereuses et cruelles, que la vue de chameaux paisibles.

On est tolérant, mais, sacristi ! la tolérance a des bornes.

Tout le monde se plaint et personne n'élève la voix.

Vive la liberté ! Mais la liberté de me crever quotidiennement l'œil avec vos exhibitions d'une monstruosité sans excuse, je ne puis l'admettre.

On demande à circuler dans les rues, sans y être exposé aux attaques des filous, aux insultes des ivrognes, aux rencontres d'obscénités, aux réceptions de pots de fleurs ou d'autres pots sur la tête.

On a le droit de demander aussi à y circuler sans être exposé à voir gâter les belles architectures, la perspective grandiose, le spectacle suggestif des foules parées, par des exhibitions permanentes, ambulantes, inévitables, de choses stupides, blessantes pour l'œil et pour l'esprit d'un peuple artiste.

L'instruction de l'enfance, devenue obligatoire, est la préoccupation générale.

Il me semble que l'éducation de l'œil de l'enfant est également d'une importance capitale.

Le goût public français, le goût parisien si fin, si apprécié par l'étranger depuis des siècles, se déforme quand, dès l'enfance, le passant voit et s'habitue à voir, dans les rues, des objets informes, absurdes, odieusement peints.

Molière demandait une police pour le style et l'orthographe des enseignes. Il avait raison, ce grand homme, car c'est la permanence, sur les écriteaux de location, de : *Appartement à louer de suite*, et, sur les avis d'ouverture prochaine de magasins, de : *Incessamment l'ouverture*, qui a amené insensiblement la foule des illettrés, lesquels procèdent par imitation et font ce que fait le voisin, à confondre de suite avec tout de suite, et incessamment avec prochainement.

Une police artistique de l'exhibition des enseignes ambulantes pourrait donc être utilement instituée, car, il ne faut pas l'oublier,

Paris est autre chose qu'un amas prodigieux de maisons, c'est un foyer d'art et d'élégance sans cesse en ignition, dont les étincelles vivifiantes sont projetées à tous les coins du monde.

Ne laissons pas éteindre ce foyer. N'y laissons pas jeter des éléments ridicules ou corrupteurs de sa belle flamme.

Protestons, au nom du goût, contre l'invasion, par d'abominables annonces ambulantes, des rues splendides et des belles promenades de Paris.

Protestons aussi contre l'affichage, sur des murs de cinq étages de hauteur, d'inscriptions qui détruisent les perspectives, annihilent les proportions des monuments, arborent d'infâmes tons criards qui tuent les nuances du ciel, et, à la longue, arrivent à confondre en un chaos infernal, dans le cerveau de l'enfant, toutes les saines notions d'art qu'on s'efforce d'y mettre sans cesse, d'autre part, à l'aide des Cours et des Écoles de beaux-arts primaires.

C'est l'excentrique Angleterre, ma chère

Britannia, et c'est aussi la lourde Allemagne du Nord, que nous accusons d'introduire, dans notre beau et charmant Paris, ces enseignes et ces monstruosités roulantes qui passent sur les boulevards comme un lamentable cortège de chienlits quotidiens.

A Athènes, à Rome même, à Florence, ça n'aurait pas fait un pli. Une heure après leur exhibition dans les voies publiques, les enseignes et voitures des barbares, choquant le goût, offensant l'œil de la foule, auraient été proscrites au nom de l'éducation publique.

On est plus bénin chez nous, et surtout, hélas! plus corrompu en fait d'art.

On y laisse volontiers périr, en cette matière, les Colonies avec les principes !

L'éclectisme et l'urbanité nous rendent mous et d'une intelligence illimitée.

S'il ne s'agissait que de nous, les contemporains, mon Dieu! je ne pousserais pas à l'intolérance ; mais il s'agit de ceux qui nous suivent, des contemporains de l'avenir.

On sacrifie, très volontiers, des millions pour l'instruction des générations futures, sacrifions aussi, à leur intention, l'esprit conciliant qui nous envahit et qui, depuis tant de mois, nous fait regarder, indifférents, la promenade et l'exhibition d'objets qui ne sont ni curieux, ni singuliers, ni même grotesques et gais, mais qui sont bêtes, hideux de couleur, stupides de formes, et corrupteurs du goût et de l'œil de l'enfance.

POUR L'OEIL DE L'ENFANT

Ma petite fille dort. Un égoïsme féroce se hérisse et gronde dans mon cœur, et je pense : « Roule encore, si tu veux, dans l'espace, globe terrestre, mais tais-toi ! Laisse dormir tranquillement ce rien vivant qui te vaut tout entière, nature ! »

Ma petite fille dort. Elle appuie sa chère joue sur un poing minuscule. Dame ! Bébé ne ganterait encore que du n° 1 1/4 et même ce serait bien large !

Je regarde dormir cette *pauvre mielle de chair tendre* (c'est ainsi que j'ai entendu une paysanne qualifier son enfant), et je suis délicieusement inquiet et réjoui.

Ai-je assez ri jadis des mauvais vers de la romance intitulée : *Près d'un berceau!* J'en ris encore ; et pourtant, à présent, si j'étais obligé d'écouter une chanson intitulée : *Loin d'un berceau*, les vers auraient beau être grotesques, j'en pleurerais de toute mon âme.

Ma petite fille dort. Les bûches du foyer pétillent et se cassent dans la flamme avec un bruit insolent que je ne puis supporter. Misérables, vous ne pouvez donc pas brûler en silence et laisser dormir Georgette ! — Vous ne savez donc pas, bûches que vous êtes, que je voudrais, moi, rendre muet à jamais le sang qui fait son murmure de ruche dans mes veines, quand Bébé sommeille !

Monstres ! — Rien ne vous attendrit ? — Mais, pour que ce petit nez, d'une suprême indécision de dessin, comique et ravissant, ne soit pas troublé dans son repos, je mettrais volontiers le soleil, la lune et les étoiles dans un sac et j'irais les jeter à la rivière !

Tant pis pour les astronomes !

Ma petite fille dort. Ce n'est plus un esprit

que j'ai dans le crâne, c'est un tigre exquis et furieux prêt à tout dévorer, poliment, si on ne veut pas se taire aux environs.

Entendez-vous cet imbécile de chien qui aboie sans savoir pourquoi, uniquement pour détruire toute paix dans le quartier. Ce chien, qu'il se taise, ou je l'envoie au Collège de France ! Ah ! le voilà qui s'arrête.

Merci, bon petit chien béni.

Je le vivisecte, s'il recommence !

Ma petite fille dort, et je regarde maintenant les joujoux qui jonchent le tapis de son lit.

Les idées les plus révolutionnaires en matière de joujoux forment soudain leurs bataillons dans ma pensée. En avant, marchons ! Que le sang impur des fabricants de joujoux, Schane excepté, abreuve nos sillons !

Mais pourquoi cette *Marseillaise* paternelle ? Je vais avoir l'honneur de vous le dire dans l'instant.

Sur le tapis du lit sont éparpillés les joujoux de Georgette, dames de carton et quadrupèdes de bois, tous avec très peu de membres et encore moins de têtes.

Un vrai lendemain d'accident de chemin de fer dans le pays de poupées !

Bien que choisis avec soin par votre serviteur, lequel peut, modestement, se déclarer un homme d'un goût affiné, ces joujoux ont encore, par de certains côtés, de quoi troubler l'œil d'un enfant.

C'est encore moins par les formes que par les couleurs qu'ils pèchent, et c'est à cause de ces défauts capitaux que je demandais tout à l'heure la tête des fabricants de jouets.

Par qui voulez-vous donc les remplacer ?

Par Michel-Ange collaborant avec Rubens !

Rien que ça.

Oui, rien que ça, et ça ne sera pas encore assez.

L'éducation de l'œil de l'enfant est totalement négligée.

On cultive tout bonnement, sans préméditation consciente, je l'accorde, l'art de le pervertir. On invente pour l'enfant des jouets d'une richesse et d'une complication extrême, sans lignes et sans harmonie de tons, qui l'éblouissent et qui ne forment pas son goût.

Faire du nouveau est la devise des *joujou-tiers* de ce monde; faire de l'étonnant, — pour les parents, — est leur but.

Et pourtant, vous l'avez remarqué souvent, — grâces en soient rendues à qui de droit ! — l'enfant, après s'être un instant étonné devant les splendeurs criardes des vêtements des poupées et des pelages des animaux de *high life*, retourne gravement aux animaux de bois du Tyrol, naïfs, mais exacts, et reproduisant la bête dans sa silhouette véritable, et aux jouets simples, aux poupées vêtues comme tout le monde (dans la semaine!) et qui n'ont rien d'effréné dans le luxe de leurs atours.

C'est parce qu'il a été livré, dès les premiers jours, à des joujoux perfectionnés, peints par des ignorants de la juxtaposition des couleurs, que l'œil de l'enfant dévie et adopte plus tard, sans révolte, les odieux assemblages de tons de l'ameublement et du costume auxquels l'artiste est livré en pâture dans la généralité des salons bourgeois.

Cette adoption de choses choquantes, transmise par l'hérédité, forme insensiblement des peuples sans goût, qu'il est inutile de nommer.

Vous êtes de mon avis, n'est-ce pas, ami Anatole France ? Eh bien, à la rescousse, mon cher ! Réagissons ! Prêchons !

Un homme à qui, dès l'enfance, on brûle l'œil avec des couleurs criardes haineusement assorties entre elles, ne peut plus être ému par le charme des tons fins amoureusement mariés.

Donc il ne faudrait pas que les jouets fussent fabriqués par le premier marchand venu, satisfait d'avoir produit un joujou, pourvu qu'il soit brillant, pompeux ou bizarre.

Ce sont des artistes du génie le plus pur, le plus éduqué, qui devraient sculpter et décorer les jouets, en prenant pour guide, s'il le faut, les jouets des peuples jeunes encore, quoique très vieux, le Japon par exemple, dont le goût naturel, traditionnellement observé, enregistré, enseigné, et par conséquent perpétué jusqu'à nos jours, n'a encore rien sacrifié aux appétits corrompus des civilisations avancées.

Mais qu'on se hâte, car le Japon s'européanise, et il se pervertit. Dans le duel de l'art et du commerce qui s'y livre depuis peu, l'art a déjà été touché et le commerce ne s'arrêtera pas au premier sang.

Qui sera le Luther, qui sera le Calvin même, sévère et terrible, de la Réforme des joujoux ?

Je me le demande, inquiet pour les enfants d'aujourd'hui, pour les marmots contemporains de ma Georgette, en regardant, sur la descente du lit de Bébé, les joujoux qu'elle a cassés, joujoux si corrupteurs encore pour son œil, bien qu'ils aient été choisis par l'artiste qui a l'honneur de vous saluer, avec autant de soin que de tendresse dans la classe des joujoux sans fard et naïfs du temps passé, des joujoux démodés.

LE GRATIN

Je suis Français, mon pays avant tout !

C'est le refrain d'un couplet d'opéra-comique ou d'une chanson des rues.

Mais c'est aussi une règle de conduite, trop souvent négligée, et que je trouve aussi importante, bien qu'elle soit condensée dans un humble vers décasyllabique, troubadour et chauvin, qu'aucun des préceptes formulés par les sages de la Grèce et de la Chine.

Je suis Français, mon pays avant tout; c'est pourquoi, tout en admettant les métamorphoses perpétuelles des modes et des noms qui les désignent, modes et noms dont la mobilité est essentiellement française, je commence à trouver que, pendant que les modes se britannisent de la façon la plus crue, la plus inharmonieuse, et la moins fantaisiste surtout, les noms qu'on donne à ceux qui les suivent pas à pas sont de plus en plus tirés du français le plus bas et le plus lourd.

Les mœurs du sport — le sport, c'est l'écurie en habit noir — nous font vivre dans une atmosphère pesante et vulgaire qui, peu à peu, ankylose l'esprit national et lui décolore les ailes.

Ce qu'on est convenu d'appeler l'élite de la société est devenu d'un terre à terre qui se trahit dans ses moindres propos.

Cette grande dame, dont on nous parlait tant autrefois, et qui s'appelait l'urbanité française, elle sent maintenant le fumier d'une façon terrible.

On dit, dans ce qui reste du grand monde, que ce changement s'opère à la suite de la démocratisation de la société. C'est une erreur, car c'est le peuple seul qui a trouvé et qui trouve encore, pour désigner les fleurs, par exemple, des noms charmants et poétiques.

C'est lui qui appelle le réséda l'*herbe d'amour*, et c'est lui qui appelle les longues fleurs de la digitale : les *gants de Notre-Dame*.

Tandis que c'est dans ce que les courriers de la mode appellent encore fine fleur du pays, tandis que c'est dans le *high life* qu'a été inventé et propagé l'aimable mot *Gratin*, qui qualifie aujourd'hui, encore bien élégamment, les ultras de la mode de demain, les gens du *Vlan*, du *Pchutt* et du *Ah! Ah!* de l'année qui vient.

C'est le mot du jour et le dernier-né des cerveaux de la haute société, du moins de la société qui s'intitule modestement ainsi.

C'est le mot du jour et c'est le mot de la nuit; car le « gratin » soupe et joue sans gaieté, sans légèreté, à l'anglaise, comme il s'habille et promène sa nullité, aux heures respectables, sans légèreté, sans gaieté, à l'anglaise.

Quel effort d'imagination il a fallu, quel trésor de politesse de famille on a été forcé de vider pour arriver à donner à de jolies femmes et à des jeunes gens qui font ce qu'ils peuvent pour se rendre hideux, de par les modes, le nom de « le gratin » !

Le peuple a dit, lui, *le dessus du panier*.

Je suis Français, mon pays avant tout.

Il m'est pénible d'entendre les gens bien élevés des autres nations traiter les Français de cerveaux vides et de républicains mal appris, parce que quelques centaines de niais et d'oisifs se désignent entre eux par des surnoms et des sobriquets de plus en plus sans goût et de moins en moins relevés.

Il n'y a pas seulement le « gratin » en France, heureusement, et nous le savons bien ; mais à l'étranger on continue de croire que le « gratin » est la vraie *fleur des pois*. — Encore un vieux surnom, trouvé par le peuple — de la première république française.

C'est là le dur de l'affaire.

Les surnoms que cette fameuse *crème* du boulevard et du noble faubourg découvre après des nuits de travail et qu'elle tient à honneur de s'appliquer comme une étiquette, sont de moins en moins relevés, comme je le disais tout à l'heure.

Le prouver n'est pas difficile.

Les « gratins » d'autrefois, j'entends les Français de la classe qui ne travaille pas, dès l'enfance, — ces gratins-là, absurdes et fous, qui poussaient l'art de s'habiller, de vivre, de parler et d'agir, en dehors de la mode commune, jusqu'à l'exagération la plus extraordinaire, trouvaient dans leur esprit, car ils en avaient et beaucoup, des noms qui sentaient bon, qui avaient de l'éclat ou de la grâce, de l'originalité de bon aloi enfin, pour désigner le petit monde dont ils faisaient partie.

Ils s'appelaient les Muguets, les Pimpelochés, les Mignons, les Raffinés, les Talons-Rouges, les Roués.

Puis vinrent — et c'était pourtant après le départ du fameux monde de Versailles — les Incroyables, les Merveilleux, la Jeunesse dorée, les Mirliflors.

Plus tard, des hommes d'esprit firent connaître à l'Europe les Lions et les Gandins.

Tous ces surnoms-là avaient leur parfum

très supportable d'excentricité de bonne compagnie, et un Français n'avait pas à rougir de les entendre appliquer à des Français.

Ils rappelaient la vie à grandes guides et les raffinements de tenue et de prétentions des jeunes gens et de femmes charmantes gaspillant leur vie assez absurdement et la consacrant à des riens avec enthousiasme; mais enfin, ils n'avaient pas de boue aux semelles, ces sobriquets d'autrefois !

Plus tard, les mots se sont subitement encanaillés, et pourtant ils n'étaient faits ni par la canaille ni pour la canaille.

On a eu les *crevés*, la *gomme*, la *poisse*, le *pchutt*, le *vlan*, le *ah! ah!* et l'on a le *gratin*.

Que le joli monde qui arbore la tenue anglaise (côté des hommes) et la cotonnade éclatante (côté des femmes) sur des plages plus ou moins salées et aux eaux plus ou moins thermales, se déclare en pleine décomposition et l'avoue en se décorant avec orgueil de noms qui conviennent aux personnes atteintes de paralysie générale, je ne puis l'empêcher, et je trouve même qu'il montre une franchise exceptionnelle en révélant au reste du pays qu'il ne mérite pas autre chose ; mais, étant Français et aimant mon pays avant tout, je déplore la chute bruyante et définitive de la distinction et de l'élégance dans cette classe de la société que le monde étranger considère toujours comme la plus « haute » de notre pays.

Les descendants des raffinés de Louis XIII tombés dans le *gratin*, voilà qui n'est ni *bath*, ni *chic*, ni *urf*, ni *besef*, ni *tompin*, par exemple !

Le « gratin » ! — Quand je pense que l'héroïsme de Jeanne d'Arc et son martyre sur le bûcher seraient trouvés, dans l'argot du *gratin* : — *très réussis !*

Ah ! on peut être fier d'être Français quand on regarde la colonne, que ce soit celle de Juillet ou celle de la place Vendôme, — ces gloires en bâtons de bronze ; — mais, quand on se promène dans les allées en planches de la plage de Trouville, à l'heure du *gratin*, ah ! nom d'un chien — (le chien de Montargis, parbleu ! qui était un brave animal), — on n'est pas fier du tout au milieu de ces gens qui se jouent une comédie glacée, en habits à crever de rire, et regardent la mer en murmurant : « On dirait du veau ! »

UNE
SOIRÉE RUE DE TURBIGO

— En carré, Mesdemoiselles, en carré ; c'est très convenable.

— Oh ! non, maman, c'est vieux comme tout ! en pointe, en pointe par devant et par derrière, comme Jane Hading, dans le *Maître de forges*. C'est tout ce qu'il y a de plus... « pchutt ».

— Allons, allons, ne dites pas ces vilains mots-là. Où avez-vous appris cela ?

— Mais c'est la couturière... — Il n'y a qu'à échancrer nos corsages, maman. — Ça sera fait tout de suite. Nous avons commandé d'ailleurs !

— Enfin ! — Puisque c'est commandé ! —

Vous ferez ce que vous voudrez. — Moi, je suis pour le carré. Du reste, je ne montrerai que les bras. — Un rhume est si vite attrapé ! En janvier !

— Allons, mère... il faut bien être comme tout le monde...

— En peau ? Il ne manquerait plus que cela ! non, mes enfants, ce n'est pas de mon âge.

— Mais, mère, vous êtes très bien, très bien...

— Non, non. Pas même une demi-peau. Les bras, voilà tout, — et c'est déjà bien.

— Comme tu voudras, maman ; nous aurons les pointes.

C'est en ces termes que madame Goulade et ses deux filles — de la maison Panivot et Dru, Goulade, successeur (boutons de nacre et fantaisie), se disputaient amicalement, à propos des pièces de leur harnais de bataille, c'est-à-dire de leur toilette de soirée, afin de faire sensation au bal (madame Goulade disait sauterie) que devait donner une de leurs amies, madame Renardoye (de la maison Renardoye et Cie), rue de Turbigo.

UNE SOIRÉE RUE DE TURBIGO

Ces dames avaient effectivement reçu l'avant-veille un carton fort élégant (on est très *high life* chez les Renardoye), composé, passage du Caire, par un graveur inconnu des gommeux, mais solide et bien établi.

Ce carton, fruit des méditations d'un commerçant qui veut que l'argent dépensé en sirops et violons rapporte quelque réclame à sa maison, combinées avec les méditations d'un graveur qui ne demande qu'à allonger sa note, était ainsi conçu :

Monsieur J. L. C. RENARDOYE jeune et Cie (bolducs et ficelles chinées, brevetées, usine à vapeur près Guéret) et madame RENARDOYE, prient Monsieur, Madame et Mesdemoiselles GOULADE de leur faire l'honneur de venir passer la soirée chez eux, le mardi 8 janvier 1884, rue de Turbigo, 104 ter.

On dansera.   R. S. V. P.

Une cinquantaine d'amis, de clients, de confrères de Renardoye jeune et Cie (bolducs et ficelles chinées) avaient reçu, pour eux et leur famille, — sans oublier ces chères petites et chers petits, une invitation semblable.

De là, à différents étages, dans de laborieuses et sombres maisons des rues et carrés Saint-Martin, Saint-Denis, Rambuteau, les Halles, — où l'on sent, soufflées par de noirs corridors au nez du passant, des odeurs de nitre, de salaisons, d'apprêt, d'étoffes, de cuisine, de colle-forte, de musc, et de bien autre chose encore, — une émotion, des querelles des rêves, des potins, des dépenses, une fièvre générale.

Oh ! on avait joliment blagué tout d'abord ces poseurs de Renardoye, par exemple !

Mais, à la fin, les femmes étant en majorité, on avait admis le bal et tout ce qui s'ensuit.

Renardoye, rencontré au café ou dans les magasins de la rue d'Aboukir, avait obtenu les plus chaleureuses poignées de mains de ces messieurs eux-mêmes. « C'est un épateur, mais c'est un bon garçon, se disait-on entre commerçants. Et puis, quoi, il faut tenir son bout, voilà tout. »

La soirée des Renardoye a eu lieu.

Elle a eu lieu, et pourtant il y avait bien des petites demoiselles qui, quoique torturées par des couturières et des blanchisseuses de fin en retard et vainement attendues, pensaient que le fameux mardi n'arriverait jamais !

Et cependant il est arrivé.

Et les Renardoye, comme toujours, en toute circonstance, Monsieur, ont fait honneur à leur signature en cette coûteuse échéance de plaisir.

Les demoiselles Goulade ont eu un succès flatteur avec leur corsage ouvert en pointe devant et derrière.

— Comme Jane Hading, ma chère, répétaient-elles à leurs amies un peu vexées.

Pendant que les invités des Renardoye se reposent des fatigues de cette belle nuit, car les danses se sont prolongées jusqu'au jour, à la vive indignation des cochers de fiacre assoupis sur leur siège, devant le 104 de la rue de Turbigo, enregistrons quelques-uns des détails de la soirée.

Ils m'ont été fournis par monsieur Eusèbe, un fort joli garçon (un fils de famille) qui est premier chez Gariot frères (Alpagas et Roubaix).

Monsieur Eusèbe, simple voisin des Renardoye, monsieur Eusèbe, qu'on appelle le beau garçon du 6ᵉ, dans la maison, avait été invité en même temps que M. Bacot, le voisin d'en dessous, un grincheux qui fait la commission pour les perles fines. On se doit des égards entre locataires et on ne peut pas danser sur la tête de quelqu'un sans s'excuser par une invitation, n'est-ce pas?

Donc, M. Eusèbe m'a tout raconté.

Car il avait accepté, lui.

Mais le voisin grincheux (des perles fines, Venise et Styrie) était allé coucher à l'hôtel — en famille — pour protester! Il n'y a rien à faire avec cet homme-là, et sa dame, donc!

— Ah!

Mais parlons du bal.

Tout le monde était venu. Et, comme il fallait de la jeunesse, M. Renardoye avait glissé dans le tuyau de l'oreille de certains de ses amis d'inviter de sa part les *premiers* et les *premières* de leur magasin.

— Et il y avait de jolies filles, mon cher,

et mises, je ne vous dis que ça, des Grévins et des Grévines, ajoutait M. Eusèbe.

» Et puis tous les richards du quartier. On avait fait le grand branlebas. Plus de diamants que dans tout le monde de la Bourse et pas pour deux sous de toc, mon cher.

» Du vrai ! Du solide !

» Tenez, Chamarrou, le gros sertisseur ; eh bien, sa femme avait deux *nourris* aux oreilles qui valaient bien 18,000 fr.

— Des nourris ! qu'est-ce que c'est que ça ?

— Oui, vous savez bien, ces diamants que le sertisseur change perpétuellement contre d'autres un peu plus forts et de même eau pendant quelques années, et pas trop d'années encore, — parmi ceux qu'on lui envoie du bijoutier. Ce qui fait qu'à la fin, — sans qu'on puisse s'en douter, — il a fait d'un petit diamant bien à lui, un gros diamant, bien à lui aussi, et qui a engraissé par son habileté dans la façon de substituer, lentement et sans relâche, sa pierre à une pierre, dans la parure qu'il monte.

— C'est assez malin.

— Il y avait des fleurs dans l'escalier, partout.

» Les deux magasins avaient été décorés par les commis, les cartons voilés par des tentures, et des lustres à tous les coins. — Par exemple, la lumière iodulux de Chavagne-Roy, un ami qui avait voulu apporter son concours à la fête et se faire de la réclame, a raté un moment. Il a fait nuit pendant toute une valse, dans les rayons des bolducs ; ç'a été très drôle.

— Je vous vois.

— On ne se doutait de rien dans le salon.

» Les maris jouaient, écarté, piquet, zanzibar et bésigue, dans la salle à manger à côté du buffet, un vrai buffet, tenu par Chose, du passage des Tapiocas, très chic, et du champagne, en veux-tu, en voilà !

» Aussi, dame, nous avons béni — du moins moi, j'ai béni Chavagne-Roy, avec son iodulux, quand ça a raté, — car je dansais avec la jolie madame Raoul, — le grand magasin de salaisons de la rue Montorgueil, vous savez bien ?

— Ah ! oui, la jolie dame, fraîche et brune,

qui regarde dans la rue à travers les barricades de barillets d'anchois de Norvège.

— Justement ! Elle est délicieuse !

— Ah ! mon petit Eusèbe, ne vous emportez pas ! — Les femmes de commerce, voyez-vous, c'est ravissant, mais ça calcule, moins que les femmes du monde, pourtant, — mais ça calcule. — On est charmante pour le client. Ça ne tire pas à conséquence. Mais ça ne va pas plus loin qu'un sourire. Bonjour. Bonsoir. Et avec ça ? — Et c'est tout. — Votre petite madame des salaisons, voulez-vous que je vous dise ? — Eh bien... Quand vous la pressiez dans vos bras, en valsant à l'ombre des bolducs, eh bien, je vous assure qu'elle se demandait tout simplement si ses garçons avaient pensé à couvrir de toile cirée les tonneaux de choucroute, en les rentrant, car, les chats, la nuit, dans le magasin, — ah ! dame !...

— Oh ! quel sceptique ! Elle a pourtant un si joli signe, au bas de l'omoplate gauche !

— Oui, mais le signe de cette Léda ne s'écrira jamais C-Y. — Et d'ailleurs, le commerce aidant, la Léda moderne ferait avec le cygne mythologique des cuisses d'oie fumée de Poméranie.

— Enfin, quand on a remplacé l'iodolux par des bougies, qui dégouttaient dans le dos des sylphes d'ébène, ç'a été une clameur de satisfaction, — voulue par les convenances, — mais on s'était bien amusé, tout de même.

— Polisson !

— Tant pis. — Beaucoup de ces dames montraient là, pour la première ou la troisième fois de leur vie, peut-être, leurs épaules et leurs bras, et... ça engageait. Ça engageait si bien, qu'au fumoir j'ai rencontré Romatour, qui a de si belles moustaches noires, Romatour, du Chat-Vert (Tissus d'Alsace), avec des moustaches poudrées à frimas. Il avait de la poudre de talc mêlée de poudre de riz jusque dans les sourcils ! Et ça se voyait, comme le soleil en plein midi !

— Tant pis. Il ne faut pas toucher aux pommes du voisin.

— Ou de la voisine !

— Vous l'avez dit, mon cher Eusèbe. La morale avant tout !

— Il aurait fallu dire cela à Goupite, le

petit Goupite, du *Fil au Rat*, D. A. C., je ne sais quoi.

— Qu'est-ce qu'il a fait, Goupite ?

— Goupite n'a pas d'habit à queue de morue. Il était venu en redingote, avec une cravate blanche, comme un surveillant, et la vue des habits l'avait embêté. Alors, il s'était mis à errer partout, à causer avec les larbins, des louages, des locatis, et enfin, il avait trouvé une jolie petite coiffeuse, femme de chambre, je ne sais plus, qui se tenait toute seule, dans une petite chambre, avec des peignes, du fil, des aiguilles, enfin tout ce qu'il faut pour raccommoder un volant, un jupon, ou pour se recoiffer, et il lui faisait une cour, oh! mais une cour!... quand sa patronne est entrée, brusquement, en coup de vent...

— La patronne de qui?

— La patronne de Goupite !... et on dit — enfin ça ne me regarde pas... c'est une mercière qui a le foie incandescent! Il a eu son galot, Goupite!

— Mais on ne s'est pas ennuyé du tout chez les Renardoye!

— Oh ! mais non ! on a beaucoup ri, et ce qu'on a consommé ! — Il y a eu souper — et puis on a redansé jusqu'à quatre heures, avec un cotillon à figures, à préférences, à petits bécos bien honnêtes, enfin on en parlera longtemps!

— Et pas d'accidents ?

— Si. Le patron de Goupite s'est justement flanqué par terre, vers trois heures, dans un cavalier seul que l'on pouvait se permettre à cette heure-là. — Il avait pour vis-à-vis le voyageur de la maison Tonton, Tonton et Farwich (cuirs), rue aux Ours, lequel est tombé aussi, à cause d'un croc-en-jambe. Il a voulu se retenir et il a entraîné dans sa chute la grosse madame Daganic (ganses et passementeries de soie).

— Chute convenable ?

— Heureusement. — On a vu seulement que madame Daganic avait de riches dessous, un pantalon à dentelle d'or, mon cher ! En voilà de l'épate ! — ou un solde bien employé.

— Elle ne s'est pas fait de mal ?

— Jamais ! — On a ri, voilà tout. Et elle s'est remise à danser comme si de rien n'était;

mais le patron de Goupite a reçu de sa femme un suif conditionné. Elle avait ses nerfs, la patronne de Goupite!!

— Et Goupite?

— Goupite. Embêté d'être en redingote, il en a fait une farce. Il s'est dépouillé, dans l'antichambre, et il a passé l'habit d'un larbin.

» Il était gris comme un Slave. Il est entré avec un plateau, dont il a bu tous les verres, au milieu d'une clameur formidable. Il a eu le succès de la soirée! Ce qui a vexé l'inventeur de l'iodolux, qui tout le temps essayait, en traversant les quadrilles, de rattacher ses fils et de rallumer sa machine. Mais ça ne prenait pas, et les fils nous arrachaient les cheveux. On a fini par tout casser. Il nous assommait avec sa mécanique, celui-là.

— Et voilà tout?

— Oui, sauf les incidents ordinaires : un immense opticien, chauve, avec une loupe sur la tête et des lunettes bleues, qui a dansé tout le temps avec une gamine de quatorze ans, et, à la fin, deux entrepreneurs de briquetage qui sautaient en se tenant par les mains, avec des gants verts piqués de rouge.

» Et puis j'ai gagné vingt francs à l'écarté, avant le cotillon, en me reposant.

— A qui ?

— A Romatour.

» Tout le monde avait vu ses moustaches bicolores, et il n'osait plus se montrer dans les salons. Pour ne pas compromettre la dame dont il avait baisé l'épaule de marbre (2 fr. 50 la boîte et le pompon) et pour expliquer le blanc subit de ses moustaches, il avait inventé de dire qu'il se teignait et que le blanc était sa couleur naturelle. On ne l'appelait plus que Romatour, le seul qui noircisse en vieillissant !

— Eh bien ! et le cotillon ? Vous n'en dites rien ?

— Le cotillon, splendide ! — Il a duré jusqu'au jour, et c'est moi qui l'ai conduit. Les Renardoye avaient acheté, en place d'*accessoires* pour offrir aux préférés et aux rebutés de ces dames, des légumes et des fruits. Aux *préférés*, on donnait des pommes, des artichauts, des oranges, des poireaux gigantesques. Les *rebutés* avaient pour fiches de consolation, des avertissements de contributions de toutes les couleurs, et, à la fin, un bougeoir, une clef et un morceau de papier de soie. Les entrepreneurs ont eu souvent le bougeoir, avec la bougie allumée, la clef et le papier à la main.

— Du pur Rabelais !

— On a ri, — et ça valait bien les têtes de carton et les houlettes enrubannées du grand monde.

— Ma foi, oui. Puis le champagne et le punch font passer par-dessus bien des choses.

— Et ça porte bonheur !

— Et l'opticien ?

— L'opticien, au comble de la joie, et devenu très tendre, a fait des infidélités à sa danseuse en bas âge, et, comme il est myope comme trente taupes, il est allé supplier de vouloir bien lui faire l'honneur, etc... une des nombreuses bonnes qui, peu à peu, du corridor où elles regardaient danser dans les salons, sont venues se placer dans l'embrasure des portes, battant la mesure du bout du pied et riant d'un air heureux.

— Elles grillaient d'envie de sauter à leur tour un petit moment.

— Parbleu ! — A la fin, elles ont été invitées par les commis, aussi souvent que les autres, car il y en avait de très fraîches dans le tas, et ça a été un méli-mélo général, insensé, mais tout à fait patriarcal, au milieu duquel tombaient les bobèches cassées par les bougies expirantes.

— Personne de blessé ?

— Non, mais je tombe de sommeil ; au revoir.

Telle fut, d'après M. Eusèbe, la soirée de la rue de Turbigo.

LE CAS DE M. BRALLE

M. Bralle, homme rangé, célibataire riche, sortait tous les jours de chez lui, à trois heures, invariablement.

Il habitait une manière de petit hôtel, — *vide-bouteilles* de l'autre siècle, jadis solitaire, puis peu à peu cerné par les constructions modernes d'une banlieue populeuse.

Et tous les jours, invariablement, pendant qu'il fermait, avec un soin de Bartholo, la porte de la grille de son jardin, il jetait dans sa rue un regard en amont et un regard en aval.

Puis on voyait ses lèvres s'agiter, et il

haussait les épaules d'un air de grande fureur mélangée de dédain.

M. Bralle avait l'habitude invariable de compter les enfants répandus dans sa rue dès l'aube, les uns trimballant les autres, et qui semblaient les habitants aussi minuscules qu'actifs d'un polypier humain.

M. Bralle n'aimait pas les petits enfants. On ne le surprit jamais passant une main affectueusement distraite sur leur crâne tondu, bizarre au toucher comme une brosse qui serait tiède.

On n'eut jamais non plus à lui reprocher de garnir soudain toute une voie publique de nombreux petits êtres, ayant tous une pipe en sucre rouge à la bouche.

Non, M. Bralle n'était pas partisan de ces distributions de pipes en sucre rouge, et il entrait dans un courroux violent lorsqu'il s'apercevait que les plus grands des petits traîneurs de sa rue remplaçaient la pipe en sucre par les délices du cordon de soulier en feu.

Il murmurait :

— Tout ça ce sont de petits vauriens qui

grandiront pour mettre la société en péril !

Tous les jours, à six heures, invariablement, M. Bralle rentrait dîner. Sa femme de charge, madame Lahouille, quand l'aiguille marquait six heures, mettait le doigt sur le bouton du couvercle de la soupière et attendait le premier mot de son maître, lequel, à peine entré, épongé, assis, disait avec douleur :

— Ah ! madame Lahouille, 34 !

C'était le nombre des enfants comptés ce jour-là par M. Bralle dans la rue.

Il y eut des rentrées de ce genre où M. Bralle, jetant son chapeau à l'autre bout de la salle à manger, dans un transport de rage, s'écriait :

— 75 ! madame Lahouille, 75 !

C'était le jeudi, principalement, que la rue de M. Bralle offrait ce déplorable amalgame de 75 enfants, les uns trimballant les autres, petits frères portant petites sœurs et petites sœurs portant petits frères.

Un jour, M. Bralle ne sortit pas de chez lui.

Il faillit même n'en plus sortir jamais.

Il était pincé par un rhumatisme articulaire des plus aigus, qui l'immobilisa dans son lit et l'y attacha, comme un nouveau Gulliver, par mille liens invisibles, mais très douloureux.

Il n'oubliait pas les enfants pour cela et demandait parfois, entre deux accès de fièvre :

— Combien, madame Lahouille ?

Madame Lahouille répondait 52 ! quand son maître n'était pas sage et 3 ! quand il prenait docilement ses potions.

Un matin, en revenant de ses courses, elle lui dit :

— 27, Monsieur. — Ils m'ont tous demandé comment vous alliez.

— Moi !

— Vous. — « Le monsieur qui a un long nez... » c'est bien vous ?

— Oui, hélas !

— Eh bien, ils ont demandé si vous étiez bien malade et s'ils faisaient trop de bruit dans la rue. Et puis, deux petites filles m'ont prié de savoir de vous si vous aimiez les fleurs et les chats. Elles ont ajouté qu'elles vous apporteraient les unes et les autres, pour vous amuser, si vous le vouliez bien.

M. Bralle entendit ces étranges confidences avec une vaste surprise. Il ferma les yeux, resta deux heures sans prononcer une parole, et enfin s'endormit sans trop souffrir, en souriant.

Quand il se réveilla, il ne souriait plus et avait les yeux pleins de larmes.

— Madame Lahouille, dit-il d'une voix faible, combien sont-ils ?

Madame Lahouille mit le nez à la fenêtre.

— 1, 2, 3, 4, 5..., attendez-donc... 8... 12... 15... en voilà encore deux, l'un portant l'autre, 17, 18...

— Il n'y en a que cela? Madame Lahouille, c'est dommage.

— Non... 20... 22... 23... 24... 25... et ce tout petit là que j'oubliais ; 26... Il n'y en a décidément que 26, Monsieur.

— Madame Lahouille, vous allez acheter 52 pipes en sucre rouge... Vous les leur donnerez... Bon, et puis demain, s'ils veulent bien, ils passeront dans ma chambre avec leurs bouquets... en rang... j'espère bien ne pas être mort... et en avant les boites de ménage et les bergeries! — Pas de chat!

M. Bralle se rendormit. Il fit un somme exquis, et les enfants, ce jour-là et les jours suivants, vinrent lui administrer désormais, tout le temps de sa maladie, ce suprême remède à la mélancolie et à la solitude qui est le sourire réconfortant et plein de vie d'un petit être innocent.

Je vous le recommande.

PREMIÈRES BROUÉES DE FEU

— Une lettre de Lucien !... pas possible !
— Cela est pourtant. Ce matin, dès l'aurore, un homme de la place du Carrousel est venu, qui m'en a fait présent, affirma Anatole.
— Une lettre de Lucien !... Voilà qui est renversant !...
— Cela est pourtant.
— Et où est-il, cet excellent ténébreux, depuis un mois ? — Veux tu me laisser lire sa lettre ? — Avec ivresse !
Anatole me tendit la lettre de Lucien. Je la parcourus, tandis que mon ami, planté

devant la fenêtre, faisait des effets de veston pour les demoiselles d'en face.

Il y a, entre parenthèses — *by the by,* comme disent les Anglais, — de fort jolies personnes, rue François Ier, au troisième, n°... (Chut!)

La lettre de Lucien, la voici. J'aime infiniment mieux la reproduire *in extenso,* que de la résumer à votre intention.

Une observation seulement. La première partie de cette lettre est écrite au crayon.

Maintenant, entre nous, chers lecteurs, je vous accorde que vous n'êtes point forcés de lire la lettre de Lucien. Oh! pas du tout!

Mais, comme vous pouvez en extraire un précieux conseil : — *Se méfier des premières brouées de feu,* — je vous supplie d'y jeter un coup d'œil, après votre déjeuner, entre le café et le kümmel.

« Lundi, 18 octobre. — Les Grottes.

» Mon cher, c'est toute une aquarelle! — Un homme est assis en ce moment au bord d'une pièce d'eau qui commence à charrier des feuilles mortes, un homme jeune encore, vêtu de gris, avec une culotte bouclée aux genoux, et des bas anglais teints au cachou.

» Cet homme, qu'on pourrait prendre de loin pour un collaborateur du Parnasse contemporain, écrit assidûment sur un album élégamment relié.

» Cet homme, c'est moi. Ce qu'il écrit, c'est une lettre. Cette lettre, elle t'est destinée.

» La pièce d'eau palpite. Le vent la ride et lui met des frissons d'argent. Entre le lacis brun des branchages déjà défeuillés, on aperçoit un ciel clair, un ciel qui est une palette de tons fins ; grand silence.

» De temps en temps, dans le lointain, le vague claquement du fouet d'un paysan qui laboure sa terre, de l'autre côté, des taillis.

» Des corbeaux, contents de l'approche de l'hiver, fendent le ciel, en croassant; à des hauteurs prodigieuses.

» La nature est mélancolique, attristée.

Elle me rappelle l'état où se trouvait mon âme la veille de la rentrée au collège, jadis. Anxiété et résignation. La bise, par instant, se lamente dans les fourrés voisins et vient s'enrouler parfois autour de mon cou avec une tendresse de fantôme amoureux, mais glacé.

» Brrr !

» La note gaie, la note consolante au moins de ce petit tableau, crayonné pour toi, avec des mains gourdes. C'est tout là-bas, à travers des chênes roux mais respectables, au-dessus des pelouses encore vertes, le *balcon blanc* de la vérandah du chalet-château que j'habite depuis quinze jours, comme invité de la troisième série !

» Un bout de balcon sculpté, se découpant sur la brique rose des murailles ; puis deux fenêtres. Une grande diablesse de branche me cache la majeure partie de la seconde de ces fenêtres aux rideaux légers.

» En outre, un bouleau dont le tronc tranche sur la verdure, comme un cierge tranche sur un drap mortuaire, me dérobe également cette fenêtre.

» Les misérables !

» — Eh bien? eh bien? qu'est-ce à dire ?

» — Oh ! Je t'entends d'ici, mon cher Anatole : tu te demandes de quel intérêt peuvent bien être pour moi ces deux fenêtres et tu souris.

» Souris, tu en as le droit déjà. Peut-être, tout à l'heure, riras-tu aux éclats, lorsque je t'aurai confié... mon petit secret... de polichinelle, d'ailleurs.

» — Un peu d'amour ? eh ? dis-tu ?

» — Oui, un peu d'amour, ce n'est pas encore une entrée. Je n'en suis qu'aux hors-d'œuvre ; mais mon cœur a très faim ! — Par le grand 16 ! je crois que je vais me mettre à table sérieusement.

» Comment cela se fait-il? est-ce qu'on le sait jamais ! Cela est venu tout bêtement, et pour mille raisons.

» Nous sommes arrivés aux Grottes, dans le même breack, il y a quinze jours. C'est en quittant la station que je l'ai remarquée. Elle portait si gentiment son chapeau à plumes !...

» Insprück ! Insprück ! O Tyrol ! que tes produits sont séduisants sur les beaux cheveux follement étagés d'une jolie femme qui a de l'expérience !

» Elle a de l'expérience ? Eh ! oui ! — trente-trois ans ; mais les années, aussi légères que les plumes de son feutre, ont passé sur son joli front sans trop l'égratigner.

» Elle est exquise !

» Veuve ! profondément veuve, avec cela !

» Quand nous entrâmes dans l'avenue du château, et comme elle tournait sa tête de côté et d'autre, je vis la nuque souple et potelée, et cela me rendit rêveur.

» La première apparition de son pied, de son pied auquel un ange-cordonnier ne pourrait prendre mesure d'une paire de bottines mordorées, sans rougir extrêmement, se fit, à mes regards ambitieux, sur la quatrième marche du perron. Tu vois d'ici le croquis.

» On ne reçoit pas impunément de ces coups-là, et c'est depuis cette heure, *albo notanda lapillo,* que je porte mon cœur blessé en écharpe !

» Oh ! mon ami ! Ces quinze derniers jours ont filé comme un train express anglais ! Tu connais les plaisirs de la vie de château. Je les ai partagés en sa douce compagnie. Il fut délicieux. Ma parole, l'Espagne même, avant ses révolutions, n'aurait pu fournir un caballero aussi attentionné que moi.

» Les divines promenades à cheval le long des jolis petits ruisseaux (dégoûtants, du reste), mais que le myosotis fait excuser !

» D'aveu, point. Accord tacite, voilà tout. — Amitié foncée, si tu préfères.

» Ai-je, entre le liséré de son gant et le bord de sa manchette, posé ma lèvre brûlante sur la chair fraîche de son poignet délicat ? Oui, deux fois. Je ne me souviens plus d'ailleurs du nombre exact.

» Mais pas un mot d'amour, pas un !

» Est-ce timidité, calcul de ma part ? non. Quant à Clarisse, je ne sais ce qu'elle peut penser de moi. Évidemment elle doit s'attendre, d'ici à demain, par exemple, — car la situation est tout à fait tendue, — à me voir me précipiter à ses genoux, dans quelque bois désert.

» Nous verrons. Je ne sais que faire. Je l'aime ! mais j'ai l'habitude du célibat, et j'ai peur de me tromper, sacrebleu !

» Un lièvre songe en son gîte, car que faire, etc... eh bien, à la campagne, entre invités célibataires, à force de se voir, de se coudoyer dans les corridors, de se dire bonsoir... (Oh ! cela, c'est très sûr, mon ami)... sur le pas des portes qu'on va vous fermer au nez... on arrive à penser à des unions parfois angéliques, à des fins de vie de garçon !

» C'est terrible !

» On se dit que la Providence n'a pas réuni des êtres de sexes différents à cinquante lieues de Paris, — pour des prunes, quand ce n'en est plus la saison, surtout, et que son dessein est peut-être de faire le bonheur des gens qui bâillent comme des carpes après la félicité...

» On se dit... on se dit... et puis viennent le soir, fin octobre, les premières brouées de feu, comme on dit. On se met à imiter la vie de famille, au salon. Personne n'erre plus au dehors, à la recherche du clair de lune. Merci ! c'est si vite attrapé un rhume !.... atisme.

» On lit ; on cause doucement dans les coins, après d'excellents dîners qui vous donnent de bons conseils, enfouis dans d'épais divans. On regarde les dames travailler à de vrais ouvrages de mères de famille, comme des personnes naturelles. On songe alors à son appartement de garçon de la rue de l'Arcade, froid, net, confortable, où il serait peut-être bien doux de voir traîner un cheval de bois à trois pattes, ou une poupée sans tête. On pense qu'on pourrait avoir, comme les autres, des bonnes à tabliers blancs, à bonnet ruché garni de rubans immenses, qui vont aux Tuileries promener des enfants habillés à ravir et frais comme *des fleurs*.

» Alors, mon cher Anatole, cœur de roche et d'airain, les Luciens de ce monde, las de Paris et de la gaieté convenable des clubs, se prennent à contempler les Clarisses avec des yeux émus, tandis que quelqu'un tire d'un piano voisin des mélodies énervantes.

» Et les Luciens se disent : Demain, je me déclarerai !

» Demain, c'est aujourd'hui ! mon bon Anatole. Dans une heure, au plus tard, l'homme vêtu de gris, avec une culotte courte et des bas marrons, qui écrit cette lettre un peu folle, sur une page de son album, au bord d'une pièce d'eau, aura demandé la main de la dame dont le chapeau à plumes l'a rendu rêveur, il y a quinze jours.

» Ma résolution est irrévocable. Advienne que pourra !

» Je m'en vais, de ce pas, au château. Le balcon blanc, là-bas, et les deux fenêtres voilées par le feuillage jauni, m'attirent d'une façon irrésistible.

» Ce sont les fenêtres de son appartement !

» Mais, à ce moment suprême, reçois, ô mon unique ami, ce dernier conseil d'un garçon qui va donner sa démission :

« Redouter les premières brouées de feu ! »

. . . .

« Mardi soir, 20 octobre.

» — Trop tard !... oh ! je suis bien malheureux !...

» Un télégramme a rappelé Clarisse à Paris, Aff. de famille !... On m'a transmis ses adieux les plus affectueux... On a ri, sans doute, avant et après mon arrivée dans la salle de billard, car c'est dans cet endroit affreux que le coup de poignard m'a été donné en plein cœur.

» Trop tard !... et hier encore j'aurais pu si bien... Je suis désespéré. — Clarisse ne fera que mettre pied à terre à Paris, m'a-t-on dit. Elle s'en va à Mayence pour deux ans !

» Mon Dieu ! mon Dieu ! que je me sens triste et vide, et inutile, et gênant sur la terre !

» Hélas ! c'était bien, c'est bien de l'amour que j'ai là, ami !

» Et dire que, pendant que je riais avec toi, ce matin, ma chère amie s'en allait, veuve encore, dans ce breack béni qui nous amena...

» Radicel l'accompagnait, Radicel, un camarade venu au château en même temps que moi, et auquel je ne peux croire encore que Clarisse ait pu accorder sa main, Radicel qui m'a coupé le bonheur sous le pied !

» Je suis arrivé mauvais troisième !

» Je suis brisé, anéanti. — Dans deux jours, je serai de retour à Paris ! Viens me prendre à la gare. Plains-moi !

» Ton pauvre LUCIEN S...!! »

— Eh bien ? fit Anatole, le dos tourné et regardant toujours la demoiselle d'en face.

— Eh bien ! mais tout ne me semble que différé... rien n'est perdu.

— Hum... les premières brouées de feu, ça se fait avec du sarment, des sarments des fagots. — Cela est vite pétillant, joyeux... mais cela dure un instant à peine.

— Tu crois ?

— Parbleu !... et puis ce n'est bon qu'à la campagne. — Il en sort, de ces diablesses de brouées, une petite fumée qui n'est pas désagréable...; elle attendrit les yeux. — Mais on ne pleure pas longtemps...

— Sceptique !

— Tu verras Lucien dans un mois, gai comme pinson, et je te parie que nous taquinerons des écrevisses sans songer à la belle fugitive... dans un cabinet quelconque... et cela en agréable société.

— Hélas!

ÉPIPHANIE A LA CRÈME

Mon ami Philippe me racontait hier...

Mais j'ignore si votre mémoire, honoré lecteur, a eu l'obligeance de placer ce nom sur l'une de ses plus sympathiques étagères. Comme j'en doute, avec une certaine intensité, je prends la précaution de vous rappeler que mon ami Philippe, un incorrigible faiseur de rêves, est l'auteur des *Notes d'un homme qui n'en a jamais pris*, lesquelles seront publiées un jour ou l'autre.

Cela n'est pas une réclame amicale.

Je tiens seulement à vous faire souvenir, honoré lecteur, que mon ami Philippe vit beaucoup en marge de la réalité.

Donc, il nous a raconté hier ce qui suit:

— J'avais été invité à tirer les Rois... en famille, à Paris. En famille, oui, rien de plus charmant que cela !... Moi, je suis conservateur, voyez-vous : les anniversaires, les grandes dates, la tradition !... Plus de société sans cela. Enfin, je tirais donc les Rois, en famille... En famille, entendons-nous, c'est-à-dire que, après le maître et la maîtresse de la maison qui se connaissaient un peu, — dame ! ils sont mariés, c'est leur affaire, — les autres convives se voyaient pour la première fois. C'était très touchant... la lampe de famille... du gaz, parbleu !... les enfants... oh ! non, je me trompe, les enfants étaient couchés, heureusement... ils auraient troublé la solennité attendrie de cette fête tout intime... — Excellent dîner d'ailleurs !... On mangea des truffes à la dinde, pas beaucoup de dinde... et, avant le Coulommiers double crème, on partagea le fameux gâteau de l'actualité... Il faut vous dire aussi qu'il n'y avait là pas plus de galette des Rois que sur la place de la Concorde ou aux Tuileries... non... d'ailleurs c'est si lourd !... On partagea simplement, je le répète, un... ma foi, je ne ne sais plus comment ça s'appelle... Bref, c'était un chef-d'œuvre en pâte de marrons glacés, crémeux, là, sucré... d'un confiseur illustre sur le boulevard de... attendez donc ?... enfin, ce boulevard-là ou un autre.

» C'était très bon. Au fait, je crois que le nom, c'est un *rataloutcha au cynorhodon...* On s'en ferait du mal. Délicieux gâteau des Rois ! Aucun rapport, d'ailleurs, avec l'absurde gâteau de nos pères, sauf la fève, — ah ! oui, sauf la fève, — et encore non, ce n'était pas une fève, c'était une petite poupée en porcelaine, délicieuse.

» Je fus le roi. Mais, vous savez, des gens très bien.... On ne me cria rien du tout pendant que je buvais... c'est bien plus agréable...
— Conservons les traditions, mais modernisons-les. Il faut de la distinction en tout, même en matière de fête de famille. C'est d'un bon exemple pour les enfants... oh ! non, ils étaient couchés.

» Et puis, ma foi, on mit un petit peu l'Épiphanie au champagne, très bonne marque, pour faire couler le *rataloutcha*. Le champagne, c'est la crème fouettée de la vigne. Un clou chasse l'autre. La crème de la vigne fit passer la crème du *ratatoutcha*.

» Les *tournées* (mille pardons !) furent nombreuses. A la fin, la cordialité, mon cher, était telle que le maître et la maîtresse de la maison avaient fait complètement connaissance. Ils avaient tout à fait l'air d'amis de vingt ans, et pourtant il n'y en a que cinq qu'ils sont mariés. Ils se racontaient des histoires de jeunesse, d'avant leur collaboration... Ce que ça embêtait un monsieur qui était là, qui est l'amoureux de madame, fallait voir !... Dame ! ce n'est pas lui qui touche la rente, le pauvre garçon, dans ces occasions-là !

» Mais que c'est doux, ces fêtes de famille, sous la lampe ! — Tous les absents y ont passé, pas sous la lampe, sous la langue. Ah ! on a cassé un joli sucre sur leur dos ! Je crois même qu'on a dit du mal des enfants des absents...

» Enfin, le dernier Brévas évaporé en fumée, on s'est séparé très unis, en se promettant de se revoir à pareille fête, l'an prochain. Il y a même un monsieur, mon voisin de fourchette, qui est devenu maintenant mon ami. — Je ne sais pas exactement son nom, mais enfin il est très gentil, un blond... non, au fait, c'est un brun mitigé.

» En sortant, je trouve heureusement une voiture. Elle était borgne d'une lanterne, la pauvre vieille, et sentait fort l'huile brûlée. Ma foi, les souvenirs me bercent dans cette voiture : je m'y endors.

» Quand je me réveille, je me vois à la porte d'une petite maison au toit très pointu, dans une rue sans becs de gaz, qui avait un air moyen-âgeux tout particulier.

» Sans m'étonner de rien, je frappe à la porte. Un valet à cheveux blancs se présente. Il tenait à la main un flambeau de bois garni d'une chandelle jaune.

» — Entrez, étranger, me dit-il. Soyez le bienvenu. On va couper le gâteau justement.

» Je ne m'étonne de rien, j'entre. J'entre dans une grande salle un peu noire, où ça sentait fort la chandelle et la fumée de bois, et qu'éclairaient deux espèces de grands cierges qui pleuraient du suif à plaisir, bien qu'ils fussent des présents du maître chandelier voisin.

» Je salue. Il y avait là nombreuse compagnie autour d'une lourde table, des gens de tout âge, depuis les vieux jusqu'aux marmots au sein, comme dans le tableau de Jordaens, vous savez ? la *Ripaille* du Louvre.

» Tous ces gens-là portaient des costumes d'autrefois. Ils n'en étaient pas plus laids. Mon habit noir, au contraire, avait un petit air étriqué et pauvre qui me fit froid dans le dos quand je le constatai.

» A mon entrée, tout le monde s'était levé, s'était empressé de me faire place ; on m'avait souri de tous les coins de la table, avec une bonté de regard vraiment touchante.

» Je m'assieds. — Les conversations et les rires, un moment suspendus, reprennent de plus belle. Le joyeux murmure est coupé soudain par un : « Au gâteau ! » crié d'une voix encore sonore par le grand-père de toute la tablée.

» Ce cri semble évoquer un domestique qui, à bras tendus, apporte sur une planche une galette énorme, losangée avec art, et dorée comme par un soleil pâtissier.

» On pose la galette devant l'aïeul, dont le nez est un peu rouge (mais un jour de fête !). Il prend un couteau et taille les parts. Autant de parts que de convives, sans oublier la part du bon Dieu, la part de l'absent, la part du pauvre et la part de chacun des domestiques. Puis une serviette blanche est jetée sur le gâteau en morceaux qui rappelle alors le « poète aux membres disjoints », étendu sur le sol, dont parle Virgile.

» Un enfant est appelé. C'est le « culot » du nid, le Benjamin de la famille, le petit diable qui a les sympathies de la gaie assemblée. Il dormait un peu, le cher oiseau, la joue sur le coude, au milieu des pommes et des noix qu'il n'avait pu croquer. On le réveille. Il rit. Il se dirige en chancelant vers le grand-père, qui l'installe sur ses genoux, et qui dit, après avoir fourré la menotte de l'enfant sous la serviette qui recouvre le gâteau :

» — Attention ! Tu vas nommer.

» Et il ajoute :

» — *Faba, Domine*, pour qui ?

» Et l'enfant crie :

» — Pour le bon Dieu !

» Et la part tirée par l'enfant est mise de côté. On la donnera, m'assure mon voisin, au premier pèlerin qui frappera à la porte ce soir-là.

» Le grand-père reprend :

» — *Faba, Domine*, pour qui ?

» L'enfant crie en riant :

» — Pour l'absent.

» Et la part est mise de côté pour l'absent.

» L'absent, c'est le fils aîné, qui est en voyage. Au moment où sa part est ainsi réservée, tous les cœurs pensent à ce cher voyageur. Tous les regards échangent un souhait de bonne santé à son intention. Ah ! le nez, comme dit le proverbe, doit bien lui démanger en ce moment-là, car tous les cœurs battent à son souvenir et se parlent de lui, l'un à l'autre, en cette seconde attendrie où l'on songe à lui garder sa part de gâteau de famille.

» Le grand-père, dont les yeux se sont mouillés, reprend d'une voix moins ferme :

» — *Faba, Domine*, pour qui ?

» L'enfant alors, l'enfant me regarde (je le mangerais de baisers), et d'un petit air troublé, malin et tendre, il dit :

» — Pour le pauvre !

» Et le vieux valet qui m'a introduit dans la bonne vieille maison de la rue sans becs de gaz, m'apporte, avec un respect plein de bienveillance, la part désignée par l'enfant.

» Je la consomme, ma foi, en pleurant, — ces braves gens-là m'ont caressé le cœur avec leurs douces paroles et leurs bons regards, — et... c'est moi qui ai la fève, une fève véritable, une *gourgane* qui a l'air d'être en acajou et qu'un cheval seul serait capable de broyer.

» La distribution suit son cours. Mais c'est moi, le pauvre, qui suis le roi. Tout le monde me fait fête. Qu'ils sont aimables, tous ces *moyen-âgeux*-là !

» Ma reine, car j'ai choisi une reine (et elle est d'un joli ton), a pris quelques amies pour me composer une cour.

» Elle me force à boire, et moi je bois : d'abord pour avoir le plaisir de me sentir les lèvres essuyées, après chaque rasade, par ma reine ou par ses suivantes; ensuite pour donner à mon peuple la fréquente occasion de me manifester ses sentiments d'enthousiasme ; ensuite, mon Dieu ! pour avoir moi-même la satisfaction de boire ce qu'on boit là, un vin épicé, très doux, qui n'a aucun rapport avec le champagne, et qui, — est-ce curieux ? — ne me rend ni nerveux ni sceptique. Au contraire, il m'attendrit et...

» Et je me réveille, dans mon fiacre borgne, qui sent l'huile brûlée, étouffant et regrettant, — quand mes sens sont enfin repris, — d'avoir trop mangé de *ratatoutcha au cynorhodon* en compagnie de gens que je ne connais pas, et qui ne m'ont pas donné une seule bonne émotion, sous prétexte de célébrer l'Épiphanie, pour conserver une tradition !

EXÉGÈTE DE JOUR ET DE NUIT

Un Parisien assurément étrange, c'est l'homme de cinquante à soixante ans, tortueusement barbu comme le Moïse de Michel-Ange, et chevelu comme un cubage gaulois, près duquel je me trouvai un soir, dans une certaine brasserie nocturne du quartier du Panthéon, où, la curiosité et quelques mauvais diables d'amis aussi poussant, j'étais entré.

En effet, on rencontre souvent là, échoués sur des divans glissants en crin, devant un abominable mets allemand, appelé : *salade de museau de bœuf :* des noctambules assez singuliers.

L'homme à barbe de fleuve en était un.

Des amis communs nous présentèrent l'un à l'autre. Ces rites de la politesse accomplis, le curieux personnage me donna son adresse sur la carte que voici :

ANATOLE CASTELBONJON

EXÉGÈTE

Interprétateur des textes sacrés

Rue Guisarde, 130.

———

(Sonnette de nuit.)

— Pourquoi : *Sonnette de nuit ?* fis-je innocemment, en serrant la carte dans ma poche.

— Pourquoi ! — mais, Monsieur !... nous autres exégètes, nous ne travaillons guère que la nuit...

— Après la salade de museau de bœuf ?

— Après la salade, comme vous dites. — Car, du reste, être rentré chez moi avant, ne servirait à rien. — Les savants ne se livrent à leurs patientes recherches qu'à minuit passé. Et alors si quelque point obscur d'un texte ouvre devant eux soudain son abîme de points d'interrogation, que deviendront-ils sans nous, qui veillons prêts à voler à leur secours, comme autant de sages-femmes de la pensée et de médecins de l'intelligence !

» Mais ils savent que nous veillons, et, comme ils ne peuvent attendre le point du jour pour nous consulter, pour sortir des problèmes filets d'acier qui les étreignent de leurs mailles brûlantes, pour terrasser le démon des inductions et des déductions fausses, ils se précipitent dans la rue, sans perdre une seconde, viennent se pendre à notre sonnette providentielle et nous demandent ce suprême viatique à l'aide seul duquel ils pourront poursuivre enfin leur chemin !

— Bigre !
— N'en doutez pas, Monsieur !
— Mais je suis persuadé, au contraire.....
Mais l'exégète, me coupant la parole, reprit impétueusement :

— Monsieur, c'est moi qui, par l'explication éclatante et décisive de quatre mots du Cantique des Cantiques de Salomon, ai fourni à trois heures du matin à l'illustre M. Ernest Renan, dans son étonnant soupçon que le Cantique des Cantiques est le fragment d'une antique comédie, ce qu'il a démontré d'une façon aussi ingénieuse que savante, plus tard...

— Mon cher exégète, voilà un résultat surprenant. — Voulez-vous me permettre de vous poser une question à mon tour, bien que je sois un simple ignorant pour qui tout est de l'hébreu.

— Parlez.

— Je voudrais savoir la vérité sur le cas de Joseph.

— Sérieusement ?

— Très sérieusement.

— Eh bien ! je vais vous satisfaire. Mais je me permettrai, à cette table frivole, et en présence de ces gais messieurs, de mélanger à dose égale la science et l'humour, la fantaisie et la réalité.

— Accordé.

— Eh bien ! mes amis, s'écria l'exégète de jour et de nuit, après une muette cogitation intérieure, eh bien ! mes amis, le secret de ce Joseph qui tient au cœur de Monsieur, je crois l'avoir découvert.

— Continuez !

— Oui j'ai fait, dans les textes hébreux et arabes, des recherches toutes particulières, sur cet intelligent Jusaf ben Yacoub, votre Joseph fils de Jacob, le même qui, après avoir été vendu par ses frères, à peine au sortir de l'enfance, comme on chante à l'opéra, devint le président du Conseil d'un antique gouvernement égyptien, et, entre temps, laissa un jour 100 0/0 de son manteau entre les mains de la femme du premier ministre d'un Pharaon.

— Et alors ?

— Patience ! — Pourquoi Joseph dédaigna les faveurs de la favorite de Putiphar, voilà ce que vous me demandez, et voici ce que je vous réponds si vous me laissez m'expliquer à mon aise.

— Ah ! — parlez ! parlez !

— Il y a bien longtemps, dit l'exégète, que les femmes de la plus sainte honnêteté, les plus vertueuses, les plus rigoristes même, ne peuvent retenir un petit sourire, sinon de parfait mépris, tout au moins d'une ironie à peine dissimulée, quand le nom de Joseph, de ce jeune homme pur qui devrait pourtant être salué par elles comme le parangon de la pudeur, de la loyauté à outrance, de la vertu dans ce qu'elle a de plus héroïque, vient à fleur de conversation.

» On dirait, ma parole, qu'elles ont à cœur, par suite d'une mystérieuse franc-maçonnerie, de prendre le parti posthume de la femme de Putiphar, bien que la tradition fasse de cette épouse un modèle de fourberie et d'impatience dans le vice.

» Entre parenthèses, — je devrais plutôt dire : entre hommes, — cette pauvre petite madame Putiphar a bien des circonstances atténuantes à son actif ; la principale, qui me dispensera évidemment d'énumérer les autres, c'est que la Bible fait de Putiphar, un « *eunuque* de Pharaon ». Voyez le texte. On est convenu alors, quelque monté qu'on puisse être contre la coupable, que celle-ci, compagne de ce monsieur sans élans de cœur, ait eu parfois de légitimes tentations de jeter son bonnet par-dessus les pyramides.

» Donc, que les dames les plus sobres de fantaisie, les plus formalistes, les plus marchant droit dans le bon sentier, n'aient pas pour Zuleïka (c'est le nom que donne le Koran à la femme de Putiphar) un vif sentiment de répulsion et soient au contraire disposées à en parler avec indulgence, je le comprends et ne m'en étonne pas.

» Zuleïka n'avait pas de chance. Elle est à plaindre. Plaignons-la de concert.

» Mais que l'excellente, la correcte conduite du jeune Jusaf, l'hôte et l'ami de Putiphar, après en avoir été le serviteur fidèle, fasse dédaigneusement sourire les femmes vertueuses, c'est plus singulier, et j'en ai cherché la cause.

» Je vous offre, à ce sujet, le fruit de mes veilles, le résultat des fouilles que j'ai pratiquées dans le cœur humain et dans les livres sacrés.

» Ce qui fait que toutes les femmes, bien qu'elles conviennent publiquement que Joseph fut un brave garçon, méprisent absolument, dans le petit coin secret de leur âme, le jeune Hébreu qui aurait pu, dès l'antiquité, éditer la *Clef des songes*, ce n'est pas la répulsion inconsciente, physiologique, — soutiens-moi, Darwin ! — que tous les êtres femelles éprouvent à l'égard de l'être mâle qui élude le premier de ses devoirs. Non, ce n'est pas parce qu'il semble prouvé, au premier abord, que le fils de Jacob fût un froidillon, que les femmes ne l'ont jamais eu qu'en très médiocre estime.

» Elles le détestent, parce que, perspicaces, elles ont senti, bien avant votre serviteur, que Zuleïka n'a pas été respectée par vertu pure.

» Elles devinent que ce respect a eu pour cause, soit un calcul d'ambition, soit la résolution d'un cœur brave domptant l'amour, soit enfin la force de l'amitié d'un homme pour un autre ; trois motifs de victoire qu'elles ne peuvent admettre.

» Exposons les faits :

» Joseph, jeune et charmant, fut tout d'abord pincé, — c'est évident, — par la beauté soulignée d'œillades de Zuleïka. Mais étant l'hôte et l'obligé de Putiphar, il garda le silence et, comme tout homme qui s'interroge dans la première phase d'un amour adultère, il mit d'abord en balance la valeur de la femme à aimer et la valeur du mari à tromper.

» Or, ce Putiphar, bien que la Bible le qualifie d'eunuque, était général des troupes de Pharaon, selon l'Écriture ; il était encore, selon le Koran, intendant du Trésor.

» C'était donc un homme puissant et certainement aussi un homme intelligent.

» Joseph n'était pas non plus une bête, attendu qu'il avait été élevé par ce vieux fourbe de Jacob, qui vendait des lentilles à usure à son frère, et trompait son père sur la qualité de fils qu'il bénissait.

» Joseph, intelligent et ambitieux, voyait d'un côté une petite femme agréable, mais nulle, pouvant faire une jolie camarade de partie de canot sur le Nil, mais dont la conquête ne pouvait qu'entraîner des conséquences désagréables et déshonorantes pour lui, et, d'autre part, il appréciait le pouvoir et la valeur intellectuelle de Putiphar, bras droit de Pharaon.

» Il lui était difficile de ne pas avoir beaucoup de respect et d'amitié pour un homme si supérieur à sa femme, et qui, en outre, pouvait le servir vigoureusement.

» Il se tint sans doute ce raisonnement : Zuleïka serait, parbleu ! une ravissante maîtresse, mais elle est d'une imprudence rare, à preuve qu'elle me donne rendez-vous dans une chambre où il y a *sept portes* à fermer (Koran) avant même d'échanger un baiser. Donc sa conquête serait plus qu'un crime, ce serait une faute. En outre, son mari vaut cent fois mieux qu'elle, moralement et administrativement. Je serais bien bête de risquer de perdre la position future à laquelle j'atteindrai certainement, en faisant ici purement et simplement mon devoir, et de gâcher la protection amicale d'un homme tel que Putiphar, le tout pour le plaisir d'être adoré, pendant quelques mois à peine, par cette petite dame si vive et si résolue.

» Cette leçon valait bien un manteau sans doute.

» Jusaf ben Jacoub laissa donc son manteau (lequel, j'en suis persuadé, devait être en mauvais état), au vestiaire forcé de l'amour.

» Ce ne fut pas par chasteté, ce fut un peu par ambition et surtout *par admiration pour la supériorité du caractère de Putiphar*, qu'il resta glacé devant Zuleïka.

» Les femmes ont toujours senti cela ; aussi, secrètement, elles se croient humiliées en la personne de la dédaignée épouse. Elles n'admettront jamais qu'on fasse fi d'une femme par vénération pour la supériorité d'un mari. Et elles rient de Joseph.

» Et si on leur dit que Joseph — même sans calcul d'intérêt — n'a pas cédé à Zuleïka parce qu'il comprenait que la conquête d'une femme ne compense jamais la perte d'un ami, elles rient de plus belle.

» Car alors Joseph était un homme fort, et

elles détestent les hommes énergiques contre l'amour.

» C'est ainsi qu'elles feignent publiquement de blâmer la perfide Dalila et de plaindre Samson vaincu par la passion; mais si Dalila n'avait pas réussi dans sa jolie tâche, et, de dépit, s'était tuée, toutes les femmes pleureraient encore Dalila et appelleraient Samson un monstre !

. . . .

L'exégète se tut, complimenté par tous les mangeurs de salade de museau de bœuf, et l'on commenta, le bock en main, sa curieuse explication du cas de Joseph.

FIN

TABLE

	Pages
Métiers baroques	3
Professeur de cymbales et de langues	35
Le vieillisseur de fortunes	43
Tué par un fromage	53
On prend son plaisir ou…	65
Midi a quatorze heures	73
Le galérien volontaire	79
Le docteur Minos	89
Violons de campagne	97
Les chiens parisiens	103
Histoires de chiens	111
Funeste présent	121
Le dernier latin public	127
Calendes d'avril	141
Nous sommes hideux	151
Disparitions	157
Le rat-goutteux	167
L'amour de la science	173

La première du salon	187
L'art sur couche	197
La Vibrante	205
Les flottes du ciel	211
L'ange de la gare	217
Les et cætera	225
Vacances de Paques	231
L'amie de Dédé	239
A la vieille Angleterre	245
Pour l'œil de l'enfant	255
Le gratin	263
Une soirée rue de Turbigo	271
Le cas de M. Bralle	287
Premières brouées de feu	293
Épiphanie a la crème	307
Exégète de jour et de nuit	317

Tours. — Imp. E. Mazereau

www.ingramcontent.com/pod-product-compliance
Lightning Source LLC
Chambersburg PA
CBHW060510170426
43199CB00011B/1401